現代日本の資源外交

国家戦略としての「民間主導」の資源調達

柳沢崇文 著

芙蓉書房出版

現代日本の資源外交
―国家戦略としての「民間主導」の資源調達　　目次

序　章

❖

問題の所在

第1節　はじめに

　戦後日本は、米軍の駐留により軍事的安全保障を確保すると共に、米国の国際石油資本（石油メジャー）経由での安価な石油調達を通じてエネルギー安全保障を確保してきた。そしてこの軍事と経済双方の米国に対する依存を最大限活用する形で、日本は冷戦下においても軽武装・経済優先の政策、いわゆる「吉田ドクトリン」を展開し、未曾有の高度経済成長を遂げた。

　しかしながら1970年代に中東に端を発する二度にわたる石油危機が発生すると、日本は軍事的安全保障とエネルギー安全保障の間に深刻なジレンマを抱えるようになる。すなわち、軍事的安全保障は引き続き米国の核の傘と在日駐留米軍に依存する一方で、エネルギー安全保障に関しては米国石油メジャーに依存することが困難となり、代わりに米国と政治的に敵対する国々との直接取引を含めて、石油もしくは石油に代替される天然ガスやウランといったエネルギー資源を独自に確保する必要性に迫られた。これは、それまで日本として強く意識してこなかったエネルギー安全保障が軍事的安全保障と並ぶ重要な国家課題として浮上したことを意味し、日本政府としてこれまで民間主導で行われてきたエネルギー調達への関与を強める契機となった。本書ではこうした日本の石油危機以降の資源外交における政府と企業の関係に焦点を当てる。

第2節　国際石油産業発展の経緯

　本書における石油危機以降の日本の資源外交に関する問いを提示する上で、まずはその前提知識として、石油危機発生に至るまでの国際石油産業

が発展してきた経緯を整理する。具体的には、Sampson（1975）、Yergin（1990）、中嶋（2015）、岩瀬（2016）を参考に、石油メジャーの設立と台頭、そして産油国の資源ナショナリズムの高まりに伴う影響力低下の流れを確認する*1。

　近代石油産業は1859年に米国ペンシルベニア州においてエドウィン・ドレークが掘削に成功したのを契機に商業生産が可能となった。1870年には米国オハイオ州でロックフェラー家がスタンダード石油会社を設立し、当初は精製・輸送部門から開始したが、次々と他社を買収し、石油探鉱・開発事業の上流部門を含めた大規模な統合型の石油会社へと発展させていった。

　その後、裁判所からの命令により、スタンダード石油会社は33社に分割されるが、現在も代表的な石油メジャーとされるエクソンモービルとシェブロンはこのスタンダード石油会社の系譜にある。また米国ではその後、テキサス州でも大規模油田が発見され、スタンダード石油会社の系譜とは別のテキサコやガルフオイルが誕生している。尚、ガルフオイルは第3章で検証するサハリン天然ガスプロジェクトにおいて日本企業との共同出資会社としても登場する。

　米国以外でも、同時期の19世紀後半にオランダのロイヤル・ダッチがボルネオ島で石油生産を開始した他、ノーベル家とロスチャイルド家によってアゼルバイジャンで大規模なバクー（Baku）油田が発見された。その後、ロイヤル・ダッチは、石油タンカーを考案した英国のサミュエル商会（後のシェル）と1907年に統合してロイヤル・ダッチ・シェルとなり、ボルネオ島だけでなくバクー油田も買収して、石油メジャーの一翼となった。

　20世紀に入ると、中東でも英国の実業家がペルシャ（現在のイラン）において大規模な油田を発見し、1909年にアングロ・ペルシャ石油（後のアングロ・イラニアン石油、現在の BP）を設立した。イラクやサウジアラビアでも相次いで大規模油田が発見され、既存の石油メジャーも次々と中東の石油開発に参入していった。

　そして米国のスタンダード石油会社系譜の石油会社3社（現在のエクソンモービル、シェブロン）、英蘭のロイヤル・ダッチ・シェル、英国のアング

ロ・ペルシャ石油、そして米国独立系のテキサコとガルフオイルの7社は国際石油市場における影響力の大きさから「セブン・シスターズ」と呼ばれるようになった。

　これらの会社は1928年7月に「赤線協定」と呼ばれるカルテルを締結し、旧オスマン帝国領内の油田権益の独占と各社による単独開発の禁止を取り決めた＊2。更に2ヵ月後の同年9月にも当時のニュージャージー・スタンダード石油（現在のエクソンモービル）、ロイヤル・ダッチ・シェル（以下シェル）、アングロ・ペルシャの3社が米国とソ連を除く世界全体の石油製品の販売市場のシェアを3社で現状維持するという取り決めを結んだ。こうして、米国と英国を中心とするセブン・シスターズが、1970年代の石油危機が発生するまで世界の石油生産を独占支配していくことになる。

　特に第二次世界大戦の敗戦国である日本、ドイツ、イタリアでは、戦後、欧米石油メジャー経由で石油が供給される体制が構築された。ここには、冷戦下において、これら敗戦国の逸早い経済復興を米英による安価で安定した石油供給を通じて促進しようとする背景があった。一方で、日本、ドイツ、イタリアにおいても、欧米石油メジャー以外の石油会社の活動が禁止された訳ではなく、主に国内の石油精製・販売分野ではいわゆる「民族系」と呼ばれる自国資本の会社も存在した。例えば、日本における出光興産は代表的な民族系の石油会社である。

　一般的にセブン・シスターズによる石油支配は1970年代の石油危機まで続いたとされているが、それ以前から既に産油国による反発の萌芽は見られ始めていた。例えば、イランでは1951年にモサデク政権によって石油の国有化が宣言され、アングロ・イラニアン保有の石油資産が接収された。この際は、英国が軍艦を派遣して、イランへ石油の買い付けに来たタンカーを撃沈すると宣言し、更に1953年に米英両国が支援する形でのクーデターによりモサデク政権が転覆されたため、イランによる国有化は失敗に終わった。尚、この際に、日本の出光興産は英国の威嚇にもかかわらず、日章丸という原油タンカーをイランに派遣して、イラン産原油を日本のために取り付けている。

　イランの石油国有化の動きとほぼ同じ頃、1950年にサウジアラビアも自

国内で生産される石油に対する自国の取分を50％に引き上げた。これに対して石油メジャーは前述の赤線協定に逸脱する動きとして反発を強める一方、日本やイタリアの後発組の石油会社は産油国側による新たな条件を受諾することで、これまで石油メジャーの独壇場であった石油上流部門への参入を進めていった。

　日本企業の例としては、アラビア石油がサウジアラビアとクウェートの間の中立地帯の沖合にある未探査鉱区に関して、1957年にサウジアラビアと、そして1958年にクウェートとの間でそれぞれ資源国側の利益分配率を56％と57％とする形で利権協定を締結した。そして1960年には掘削に成功し、カフジ（Khafji）油田として翌1961年より生産を開始した。このカフジ油田に関してはサウジアラビア側との利権協定が2000年に更新時期を迎えたが、協議が難航した結果、更新されず、その代わりとして日本の通商産業省（通産省）*3が注目したのが、第4章で事例対象とするイランのアザデガン（Azadegan）油田である。尚、カフジ油田のクウェート側との利権協定は2003年に新契約に移行している。

　1950年代より強まっていたイランの石油国有化や、サウジアラビアの自国取分の引き上げといった動き、言い換えれば、産油国による石油メジャーに対する反発はその後も収まるどころか強まっていき、1960年にはイラン、イラク、クウェート、サウジアラビア、ベネズエラの5つの産油国によって、石油メジャーに対峙して産油国の利益を守ることを目的に石油輸出国機構（OPEC）が設立された。更に1968年にはアラブ世界の産油国が中心となり同様の目的でアラブ石油輸出国機構（OAPEC）を設立した。1971年には前年にリビアが原油公示価格を引き上げたこともあり、ペルシア湾岸産油6カ国が欧米の石油メジャーに対して原油公示価格の5年間の引き上げを認めさせるテヘラン協定が締結された。このように徐々に産油国による石油生産への関与が強まっていった*4。

　そして1973年10月にイスラエル・アラブ諸国間で第四次中東戦争が勃発すると、OAPEC 加盟国は原油価格の引き上げと、イスラエル支持国に対する石油禁輸を実行し、ここに第一次石油危機が発生した。OAPEC 加盟国は、輸入国を「反アラブ」「非友好」「親アラブ」の3つのカテゴリーに

区別し、イスラエルに武器供与をしていた米国やオランダは「反アラブ」として石油禁輸対象とする一方で、フランスや英国はアラブ側に武器供与を行っていたことから「親アラブ」として石油供給の削減対象から除外した。日本、西ドイツ、イタリアは当初「非友好国」とされ、親アラブを明言しなければ供給量削減の対象にすると脅しを受けた。こうした一連の行動は、中東産油国が石油を武器に自らの政治的要求を突きつけることを意味し、石油の政治化が引き起こされた。

第３節　石油危機以降の日本の資源外交の経緯

　前節で触れた石油メジャーの歴史を踏まえて、ここでは日本の第一次石油危機以降の資源外交を整理する。1973年10月に第一次石油危機が発生すると、当時の田中角栄首相は、自身の通産大臣時代の秘書官であった小長啓一（後のアラビア石油社長）を首相秘書官に任命し、「財界資源派」と言われた中山素平（日本興業銀行）、今里広記（日本精工）、両角良彦（前通産省事務次官）らの協力を得て、欧米の石油メジャーに依存する体制からの脱却を目指した（山岡 2009:138-139）。

　まず日本としては、アラブ諸国から「非友好国」とされたことに対処すべく、同年11月に二階堂進官房長官による談話という形で「全占領地からのイスラエル兵力の撤退」を求めることで、日本として「親アラブ」の方針を明確化した。そして三木武夫副総理を特使としてサウジアラビア等中東8カ国に派遣することで、「親アラブ」認定を受けて日本向け石油の供給量削減を回避した（中嶋 2015:164-185）。

　更には、中東以外からのエネルギー調達を目指し、ソ連やインドネシアとの油田開発交渉、フランスとのウラン共同探鉱及び同国からの濃縮ウラン発注、更にはブラジルやオーストラリアとのウラン開発交渉といった首相主導の積極的な資源外交を展開した（山岡 2009:224-287）。

　そして1979年にイラン・イスラム革命を契機に第二次石油危機が発生すると、その翌年の1980年には、大平正芳内閣により「総合安全保障」が提唱され、エネルギー安全保障が軍事的安全保障と並ぶ重要な国家課題であ

る点が明確化された。

　具体的なデータを見ても、表0-1の通り、第一次石油危機から第二次石油危機の間で、日本は石油備蓄量を2倍弱に増やし、中東原油依存度も低下させることで、エネルギー安全保障を向上させている。

表0-1　第一次石油危機と第二次石油危機の原油関連データ比較

	第一次石油危機	第二次石油危機
日本の石油備蓄量（日）	56 （1973年）	100 （1980年）
日本の輸入原油に占める 中東の割合（%）	77.5 （1973年）	71.4 （1980年）
日本の一次エネルギーに 占める原油割合（%）	75.5 （1973年）	64.7 （1980年）

出典：BP Statistics、貿易統計各年版を元に筆者作成

　その一方で、日本にとって輸入に有利な地理的距離も鑑みると、石油や天然ガス等の重要なエネルギー資源は、中東やソ連といった、決して親米とは言えない地域に多く分布しており、このことが日本のエネルギー安全保障を確保する上で、対米関係とのジレンマを一層強くした。

第4節　本書における問い

　本書が焦点を当てるのは、こうした石油危機以降に顕在化した軍事的安全保障とエネルギー安全保障の間のジレンマ（以下「軍事的・エネルギー安全保障間のジレンマ」）の中で、日本の政府・企業がどのような資源外交を展開してきたのかという点である。本書における問いを簡潔に言えば、「石油危機以降、日本政府としてエネルギー安全保障を軍事的安全保障と並ぶ国家課題としたのにもかかわらず、なぜ日本のエネルギー調達は民間主導の形が維持されたのか」ということである。石油危機以降、日本政府がエネルギー安全保障への関与を強めていたにもかかわらず、エネルギー業界の国営化や政府関与による業界再編は行われず、従来の民間主導によ

るエネルギー調達の形が維持された。実際、石油危機以降のエネルギー資源多様化の中で積極的な投資が進んだ LNG プロジェクトにおいても、日本が1990年代前半までに参画した主要プロジェクトをとってみると、表0-2の通り、日本側出資者は民間企業（商社）が中心となっている。

　また LNG 以外でも、本書で反米国家における資源開発として取り上げるイラン・IJPC プロジェクト、サハリン天然ガスプロジェクト、イラン・

表0-2　石油危機前後〜1990年代前半に日本が参画した主要LNGプロジェクト

LNGプロジェクト名	参画時期	日本側参画企業
ブルネイ	1969年	三菱商事
アブダビ	1977年	三井物産
マレーシア	1978年	三菱商事
カタール	1984年	三井物産・丸紅
西豪州	1985年	三井物産・三菱商事
サハリン2	1992年	三井物産・三菱商事
オマーン	1994年	三井物産・三菱商事・伊藤忠商事

出典：各社ホームページ情報を元に筆者作成

アザデガン油田プロジェクトも一部半官半民と呼ばれる政府と民間双方の出資からなる会社はあるが、完全な国営企業はなく、基本的には民間企業として経済性を重視した投資が行われた。次節で説明するように、欧州先進国では、日本とは対照的に石油危機以降、政府が強く関与する形での石油業界の再編や政府による支援強化が進められており、日本の「民間主導の形」は欧州先進国との比較においても特徴的な事象となっている。

　そして本書におけるこの問いを実証することは、日本がイランやソ連といった反米国家において資源開発を進めるにあたって、米国側をいかにして納得させようとしていたのかという点に関しても有益な示唆を与えると考える。先行研究では、日本は第一次石油危機以降、二階堂官房長官による談話の形で「親アラブ」を明確化するなど対米自立的な中東外交を展開したと指摘するものが多いが＊5、日本の存立を左右する軍事的安全保障を引き続き依存する米国の意向を全く無視して、日本が反米国家において

資源開発を進めることができたとは現実的には考えられず、何らかの説得力のある説明を米国側に訴えていたと考えるのが自然である。本書では、日本のエネルギー調達に特徴的な「民間主導の形」の理由を検証するために、日本が対米関係上、「軍事的・エネルギー安全保障間のジレンマ」を強くしたと思われる事例を取り上げ、その過程追跡を通じて日本が米国に対してどのような説明をしていたのかという点に関しても実証することを目指す。

第5節　比較対象としての欧州のエネルギー政策

　日本とは対照的に同時期の欧州先進国（フランス、西ドイツ、イタリア、英国）では石油危機の前後で、政府によるエネルギー調達に対する関与・支援強化が見られた。

　当時の欧州先進国の置かれた国際状況としては、島田（2004:181-215）が指摘する通り、英国のような資源保有国とそれ以外の資源非保有国の意見の相違により、アラブ諸国といった欧州域外との交渉は2国間の交渉が先行していた。しかしながら、欧州石炭鉄鋼共同体（ECSC）や欧州原子力共同体（EURATOM）といった欧州域内の資源に関する連携・制度構築がなされたほか、石油・ガスに関しても欧州経済共同体（EEC）が共通政策を志向するなど、欧州内でのエネルギー協調の枠組が存在していた。これにより、日本に比して、エネルギー安全保障を米国に過度に依存することはなかったと言える。

　また軍事的安全保障においても、石油危機前後では、米ソ・デタントの進行、東西ドイツの国際連合同時加盟（1973年）、米国ニクソン政権による欧州駐留米軍削減方針を経ての全欧安全保障協力会議設立（1975年）等によって、東西間の緊張関係が緩和しており、西ドイツを含めた欧州としての米国に対する依存が低下していた。

　例えば Putnam and Bayne（1984）は、1979年の東京サミットにおける欧州と米国との間の石油輸入制約目標設定に関する協議を「囚人のジレンマ」の例として取り上げているが、ここでも欧州は米国との間で対等な協

議をしていることが分かる。具体的には、第二次石油危機以降の石油輸入抑制策に関して、北海油田を有することから集団としての削減目標設定を求める欧州理事会と、国別目標設定を求める一方で長期の目標設定には難色を示す米国との間の交渉妥結に向けた協議の過程追跡を行っている。結果として、フランス・米国・西ドイツ・英国の4か国のみの会合において、欧州として国別輸入目標を受け入れる代わりに、米国・日本は長期の目標設定を受け入れることが日本抜きで合意され、同会合の蚊帳の外となった開催国・日本もサミット成功のため、長期目標を受け入れざるを得なくなった点を実証している。

　尚、石油危機における欧州先進国の対応に関しては、2014年にもドイツ人である Frank　Bosch を編者として刊行された「Historical　Social Reaserch Vol 39. No.4」が各国毎の対応について検証を行っている。2014年というのはロシアによるクリミア危機が発生し、ドイツとロシアとの間の天然ガスパイプライン増設協議が休止された年であり、石油危機の際の欧州諸国のエネルギー政策を改めて見直す動きとして同著は刊行された＊6。

　それでは以下において、欧州各国毎に石油危機に至るまでの経緯を踏まえたエネルギー政策を確認する。

（1）フランス

　フランスでは、第二次世界大戦後、米国や英国の石油メジャー経由で安価な石油が調達され、戦後の経済復興を支えてきたが、対米自立の方針を掲げるド・ゴール政権の下で、フランス独自の石油メジャーを作り、より自立的な石油調達を目指す方針が進められた＊7。具体的には、CFP・ELF という国営エネルギー会社に国内の石油資本を集約し、中東における独自の石油開発を進めた他、フランスが宗主国であったアルジェリア等、フロンティアにおける石油開発を進める動きが見られた。それでもフランスの消費者としては、圧倒的な資本力を誇る米国や英国の石油メジャー経由の価格競争力のある石油に対する需要が高く、フランスにおける国内資本のシェアは石油危機発生時も53％に留まっていた（Mendershausen 1976:37）。

しかし第一次石油危機が発生すると、フランスは米国や英国の石油メジャー経由での安価な石油調達が難しくなった。そこでド・ゴールの後継者とも言われた当時のポンピドゥー大統領は、アラブ諸国が米国やオランダに対して石油禁輸措置を講じる中、フランス独自にサウジアラビアとの間で取引を進めた。そしてアラブ諸国から「友好国」認定を受けて石油数量削減措置を免除されるなど、米国とは一線を画した石油調達を行った。こうした独自のアラブ諸国との石油調達はフランス政府主導で進められ、市場よりも高額な価格で取引が進められたことに対して、国営石油会社からは「poor deal」であったとの反省も聞かれた（Mendershausen 1976:73）。

　更にフランスは第一次石油危機を契機として「欧州の連帯（European Identity)」を高めるべく、第一次石油危機直後の1973年12月に開催された欧州首脳会議において、アラブ諸国の首脳を招聘し、欧州とアラブ諸国の関係深化を図っている。対照的に、米国によって提唱された先進石油消費国間の連帯表明に対しては、アラブ諸国を刺激することになるとの理由で消極的な姿勢を示し、1974年11月に設立が採択された国際エネルギー機関（IEA）に関する OECD 理事会での投票もフランスは棄権している＊8。

　このようにフランスは第一次石油危機に際して、政府主導の形で米国に挑戦的な姿勢を維持しながら石油調達を進めた。

（2）西ドイツ

　西ドイツは、フランスの対外積極的な石油政策とは対照的に、石油危機以降の石油調達難と原油価格高騰を所与のものとして受け入れ、可能な範囲で現実的な石油調達を目指す「経済的且つ適応的（economic-adaptive)」なアプローチをとった（Mendershausen 1976:18）。

　この背景としては、西ドイツでは石油危機の発生以前より国内で産出される石炭が主要エネルギー源であり、1972年の一次エネルギーの国産自給率は48％と比較的高かったことも大きな要因の一つである。石炭の自給率は100％、天然ガスの自給率も56％あったため、原油の自給率は4％であったものの、全体としてのエネルギー自給率は比較的高くなった（神原1975:9）。そのため、ドイツ国内の原油市場では米国や英国の石油メジャーが全体の

6割程度を占めていたが（Mendershausen 1976:37）、フランスとは異なり、原油市場においてドイツ資本の存在感を高めていこうとする野心的目標は大きくなかった。実際に、第一次石油危機前にドイツでは国内の石油資本をドイツ石油供給会社（DEMINEX）に集約しているが、この目的はあくまで国内石油資本のシェアを低下させないための保護的な政策であった（津村 1971:3-4）。

　また西ドイツは石油危機以前より、フランスを中心とした欧州エネルギー協調の枠組、例えば1952年設立の欧州石炭鉄鋼共同体（ECSC）や1958年設立の欧州原子力共同体（EURATOM）と欧州経済共同体（EEC）に加盟していた。

　そのため、第一次石油危機が発生すると、西ドイツはまずは石油の代替燃料として国内石炭産業の支援を通じた石炭増産を図った。そして石油調達に関しては、フランスの主導する欧州の連帯構想に加わる一方で、米国が提唱する IEA にも原加盟国として加入するという受動的な対応を行った。西ドイツはフランスとは異なりアラブ諸国から「友好国」認定を受けることはなく、中東からの石油調達には一定の制限が加わることになったものの、米国やオランダのように「敵対国」として禁輸の対象になることもなかった。更に西ドイツは、東方政策を掲げるブラント首相の下で、第一次石油危機前から協議を進めていたソ連からの天然ガス調達協議を加速させ、石油の代替燃料の確保を進めた（Frank 2014:173）。

　このように西ドイツは、石油に関してはフランスとは対照的に受動的な対応を進めた一方で、自国の石炭生産を増やしたり、ソ連との間の天然ガス輸入協議を加速したりするなど、石油の代替燃料確保に関しては積極的な政策を展開した。また米国主導の IEA 構想に賛同するなど米国の意向を無視した形にはなっていないものの、フランスが主導する欧州域内のエネルギー枠組も積極的に活用した。いずれの政策も政府の関与が強化される形で遂行された。

（3）イタリア

　イタリアは、日本と同じ資源小国であるが、第一次石油危機が生じると、

政府によって1975年に第一次国家エネルギー計画が策定され、国営石油会社である Ente Nazionale Idrocarburi（ENI）社を通じて米国と対立するソ連からも含めて石油調達が遂行された。

　ENI 社の起源は第二次世界大戦前のムッソリーニ政権によって1926年に設立された国営石油会社（Azienda Generale Italiana Petroli, AGIP）まで遡る。第二次世界大戦後には、連合国軍によって AGIP の清算が決定されたが、清算を任せられた元 AGIP のエンリコ・マッテイは、戦後イタリアを逸早く復興させるために、AGIP を解体するのではなく、その既存設備を活用する形で新たな国営石油会社を再建することを選択し、政治家に対する説得も行い、1953年に ENI として再建させた（Bini 2014:146-147）。

　イタリアは資源開発では米英仏の石油メジャーの後発組であったが、マッテイ率いる国営石油会社 ENI は、産油国側に過半数の出資比率を認めるなど従来の石油メジャーによる搾取的とも言えるアプローチとは異なる方法によって、産油国の支持を得て、その石油権益を拡大していった（Bini 2014:147-148）。

　第一次石油危機が発生すると、イタリアは日本や西ドイツ同様、アラブ諸国より「非友好国」とされ、明確なアラブ支持の表明をしない限り石油輸出量の制限を行うと警告された。国内に豊富な石炭を有する西ドイツとは異なり、一次エネルギーに占める石油の割合が7割超と極めて高かったイタリアにとって、これは死活的な問題であった＊9。

　こうした中で、イタリア政府は米国から単独で批判を受けないようにするため、欧州として連帯して親アラブを訴えてアラブ諸国からの石油調達を確保するという戦略を展開した。具体的には、1974年1月末よりサウジアラビアやアルジェリアを訪問して、それぞれヤマニ石油相やアブデサラム石油相と会談し、イタリアによる技術供与の対価として石油供給を受け取ることに基本合意をした上で、2月には米国における消費国によるエネルギー会議に参加して米国の IEA 構想に対する支持表明を行った。

　米国としてもフランスが IEA 構想に対してアラブ諸国を刺激するとして反対する中、IEA 構想に賛同するイタリアは欧州との連携の上でも重要な存在であったことから、イタリアによる産油国との直接的な関係構築

に対して容認の姿勢をとり、強硬に圧力をかけることはなかった。そうした中で、ENIは第一次石油危機以降、アルジェリア国営石油会社ソナトラック（Sonatrach）との契約をはじめとして、リビア、サウジアラビア、イラクとの間で石油開発契約を締結していった（Bini 2014:156-157）。

　このように第一次石油危機以降、イタリアのエネルギー調達には政府関与の拡大が見られた。すなわち、米国と欧州の緩衝役としての戦略的な外交を通じて米国からのエネルギー政策に対する圧力を低下させながら、国営石油会社であるENIを通じて産油国との直接取引を通じたエネルギー調達を行っていった。

　尚、橘川（2004）はイタリアと日本は第二次世界大戦の敗戦国であり資源小国であるという点で共通項を持つ一方で、日本ではnational flag oil companyが存在しないが、イタリアではメジャーに準ずる国際競争力を有するENIが存在する理由を、企業家活動のレベルの相違にあると分析をしている（橘川2004:1）。具体的には、イタリアのENIの創業者である前述のエンリコ・マッテイと、日本の出光興産の出光佐三、アラビア石油の山下太郎を比較し、いずれの3名とも石油メジャーに正面から挑戦して国民的支持を得た点では共通するが、マッテイが石油事業の上流・下流を含めた垂直統合型の会社設立を目指したのに対して、出光佐三は上流部門に対する、山下太郎は下流部門に対する関心が低かったという相違があった点を指摘している。またマッテイがイタリア政府の協力を取り付けたのに対して、出光と山下の場合、彼らの企業活動に対する日本政府の協力が十分でなかったとも指摘している。出光の場合はむしろ日本政府との関係は敵対的であり、山下のアラビア石油に関しても、政府出資を受けない純然たる民間企業として海外における石油開発事業に携わってきたという。こうした相違により、イタリアではENIという垂直統合型のnational flag oil companyが誕生したのに対し、日本では誕生しなかったと結論づけている（橘川2004:10-12）。

（4）英　　国

　第一次石油危機に至るまでの英国における石油政策は、形式上は内閣が、

財務省、電力省、そして外務・英連邦省の3省からなる非常設の委員会からの助言に基づいて決定していたが、実際の判断に必要な技術データや中東等に関する情勢分析は、現地で操業を行う BP やシェルより提供されており、政府内には専門的なスタッフがほとんどいない状況であった。こうした民間に依存する形になった背景には、それまでの英国としての中東における政治・軍事的関与が関係していた。代表的な例では第一次世界大戦中のユダヤ人とのバルフォア宣言、アラブ人とのフサイン・マクマホン協定、そしてフランス、ロシアとのサイクス・ピコ協定という中東地域に関する3つの相反する合意や、1956年のスエズ危機への関与等によって、アラブ諸国の英国政府に対する複雑な感情が存在していたことがあった。そこで英国として BP やシェルによる中東における資源開発を円滑に進めるため、政府関与を少なくとも表面上は控えてきたのである（Kulien 2014:274-275）。

　一方で、1960年の OPEC 設立や1968年の OAPEC 設立に代表されるように産油国側の資源ナショナリズムが台頭し、1970年にはリビアが原油公示価格を引き上げ、更に1971年にはペルシア湾岸産油国が石油メジャーの意向に反して5年間の原油公示価格を認めさせるテヘラン協定が締結された。そして英国政府内でも BP やシェルの後退に直面する中で、企業に石油政策を委ねるままでは英国のエネルギー安全保障が脅かされるのではないかとの危機意識から、政府関与強化の議論がなされるようになった。更に1972年1月には英国の石炭産業が国家石炭局（National Coal Board）との間での賃金交渉の不調から全国規模でのストライキを敢行したことで、英国政府のエネルギー安全保障の危機感はより一層高まった（Kulien 2014:281-283）。

　また別の観点では、1965年9月に BP が英国内で北海の West Sole Field 鉱区に大規模な油田を発見し、1967より生産を開始する中で、英国政府として北海油田に関与を強めることで英国向けのエネルギー源を確保すると共に、その収益の取分を増やしたいとの意向も強まった（Bamberg 2000: 195-203）。

　こうして英国の石油政策における政府関与強化に関する議論が進められ

たが、政府側の電力省、財務省、外務・英連邦省の選好も一枚岩ではなかったため、結果として BP やシェルの影響力が維持されることになった。具体的には、電力省は、政府関与の強化によって企業の権益が縮小することで投資意欲が阻害されることを懸念し、財務省は国家財政の観点で政府関与強化に懸念を示す一方、外務・英連邦省は中東ナショナリズムの台頭によって石油の政治化が既に進んでおり、企業が対処できる問題ではなくなっているとして政府関与強化を支持していた。こうした政府内の意見の不一致のために、当時の労働党のウィルソン内閣は、1967年に労働党が提唱していた国営石油企業としての National Hydrocarbon Corporation（NHC）設立構想を断念した（Kulien 2014:279-280）。

　その後の1970年からの保守党ヒース内閣も政府関与強化を志向し、内閣直下の諮問機関として Central Policy Review Staff（CPRS）を創設して、シェルの経営を担ってきたロスチャイルド家の人物をトップに迎え入れた。しかし、結局、前述の省庁間の意見対立や、政府内の専門人材不足という根本的課題の解消には繋がらず、石油政策の抜本的改革には至らなかった（Kulien 2014:280-281）。

　しかしながら、1973年に第一次石油危機が発生すると、英国のエネルギー安全保障に対する危機感も高まり、少なくとも、英国内の北海油田の開発・管理には政府関与を強めるべきだとする意見で政府内も一致するようになる。特に当時、英国政府は欧州共同体（EC）加盟協議や、米国からの要請に基づく消費国間協調体制の協議も進めていたが、こうした多国間協調体制によって、英国による北海油田の開発に対しても共同開発や融通を求められる可能性が高まっていた。そのため、英国として北海油田の権益は死守する姿勢を明確化することの重要性が政府内でも共有されることになった（Bamberg 2000:195-203）。

　こうして1975年11月に北海油田の開発、生産を管理する国営石油会社として British National Oil Corporation（BNOC）が設立された。一方で、中東等、海外における石油開発は引き続き民間の BP やシェルによって継続され、政府関与は強まらなかった。

　尚、BNOC に関しては、その後、国際的に石油の市場化も進む中で、

最終的に1988年に BP によって統合され、民営化されている。

　このように伝統的に石油メジャー主導で進められてきた英国の石油政策も、石油危機によって、少なくとも自国の北海油田の管理に関しては、国営企業が設立され、政府の関与が強められた。

　これまで見てきた石油危機前後の主要先進国の特徴をまとめると表0-3の通りとなる。日本と同様に、西ドイツとイタリアも米国主導の IEA 構想に賛同するなど対米関係に一定の配慮を見せつつも、日本とは対照的に、欧州域内のエネルギー枠組も活用し、政府の関与強化や国営石油会社主導でのエネルギー調達を行った。またフランスと英国は、石油危機前より米国メジャーに依存しない独自のエネルギー調達を行ってきた。

　尚、米国は1970年に石油の純輸入国に転換し、更に1973年の第一次石油危機の際には OAPEC より「敵対国」として石油禁輸の対象とされたが、当時の米国の石油輸入に占める中東の割合は13.4％であり、日本の77.5％、欧州先進国（EEC）の47.4％に比して圧倒的に中東依存度が低かった＊10。米国は主にカナダ等、米州より原油を輸入しており、石油危機以降の原油高騰に伴いメキシコでの新規石油開発も進んだ他、いざとなれば自国の石油を増産するという選択肢も残していた。そのため、基本的には OAPEC の石油禁輸にもかかわらず、イスラエル支持を維持することが可能であった。

　本書では、上記で整理した欧州先進国の日本とは対照的な政府関与の強化を踏まえ、石油危機以降、エネルギー安全保障が軍事的安全保障と並ぶ国家の重要課題となったのにもかかわらず、日本のエネルギー調達が「民間主導の形」で行われたのはなぜなのか、という問いを検証する。

　尚、欧州先進国の内、フランスと英国は、第一次石油危機以前より、フランスの場合は政府主導の国営石油会社、英国の場合は BP やシェルといった石油メジャーによって対米自立的なエネルギー調達が展開されていた。そのため、日本や西ドイツ、イタリアが抱えた世界のエネルギー市場における後発国としての対米関係上のジレンマはあまり強くなかったと想定される。そのため、本書では日本の比較対象として英国とフランスは扱わず、西ドイツとイタリアを比較対象として分析することとする。

表0-3　石油危機前後の主要先進国の政策の特徴

国　名	石油政策の特徴
日　本	石油危機以降、米国メジャー経由で安価で安定した石油調達が困難になると、独自に親アラブ外交を展開。一方で米国要請により消費国協調としてのIEAにも原加盟国として加入。
西ドイツ	石油危機以降、国内の石炭産業を支援、石油の代替として増産を図る一方、石油調達は、より受動的な形で、フランスの主導する欧州連帯構想に賛同すると共に、米国主導のIEAにも原加盟国として加入。
イタリア	石油危機以降、米国メジャー経由で安価で安定した石油調達が困難になると、独自に親アラブ外交を展開。また国営石油会社（ENI）を通じ中東産油国からの石油確保を企図。一方、米国要請に基づきIEAに原加盟国として加入した他、米国と欧州の緩衝役としての役割を遂行。
フランス	石油危機以前より、政府主導で欧米メジャーから自立した石油調達を展開。石油危機以降は、欧州として連帯して親アラブ政策を遂行することを目指し、米国と対峙する姿勢を明確化。米国主導のIEAにも、アラブを刺激するとの理由で原加盟国として加入せず。
英　国	石油危機以前より、BPやシェルという石油メジャーを通じて中東石油を調達するも、徐々に産油国主導の価格決定の形に。石油危機においても、フランスと共にアラブから「友好国」として認定されたことで、従来通りの石油調達数量を確保。一方で米国主導のIEAには原加盟国として加入。並行して自国の北海油田の権益を死守するため、国営石油会社（BNOC社）を設立し、政府関与を強化。

第6節　本書の構成

本書の構成は以下の通りである。

第1章では、序章で提示した問いに対して、まず既存の政治学・国際関係論を中心とした先行研究が提供する回答を検証・整理する。その上で、本書の分析枠組及び仮説を提示する。また仮説における独立変数と従属変

数に関して、測定の上で必要となる概念の操作化を行う。そして、本書の対象事例とその選択理由を説明した上で、本書の分析がもたらす学術的、現代的意義を提示する。

　第2章～第4章では、日本のエネルギー調達に関する事例として、イラン・IJPC プロジェクト、サハリン天然ガスプロジェクト、イラン・アザデガン油田プロジェクトに関して、外務省外交記録や企業史、新聞・インタビュー、米国公文書等を活用する形で、過程追跡を通じた実証を行う。

　第5章・第6章では日本以外の事例として、それぞれ西ドイツとイタリアのエネルギー政策を取り上げる。第5章の西ドイツに関しては、第二次世界大戦後から石油危機発生までのエネルギー業界の動きを整理した上で、石油危機前後より本格化するソ連との天然ガス協議に関して、冷戦終結後の現在も続くドイツとロシア間の天然ガス協議も含めた過程追跡を行う。第6章のイタリアに関しても、第二次世界大戦後から石油危機発生までのエネルギー業界の動きを整理した上で、石油危機発生以降のイタリアのエネルギー調達に関して、国営石油会社 ENI の動向を中心に過程追跡を行う。更に冷戦終結後の事例として民営化した ENI がイランにて推進したダルホビン（Darkhovin）油田を取り上げ、同時期に日本が同じくイランで展開したアザデガン油田開発との比較を意識した過程追跡を行う。

　そして終章では、日本、ドイツ、イタリアの資源外交に関する事例分析の総括を行った上で、本書にて設定した分析枠組及び仮説の有効性を確認する。また本書の学術的意義と現代的意義を改めて整理した上で、今後の日本の資源外交における政府と企業の関係のあるべき姿に関しても考察を行う。特に現代的意義に関しては、2022年2月のロシアによるウクライナ侵攻（いわゆる「ウクライナ危機」）後の世界のエネルギー供給不安の中で、日本、ドイツ、イタリアがどのような資源調達を展開したかを検証することで、本書の提示する理論の現代的意義の大きさを示す。

第1章

仮説と分析枠組

第1節　先行研究の整理

　本節では、本書の問いである「石油危機以降、日本政府としてエネルギー安全保障を軍事的安全保障と並ぶ国家課題としたのにもかかわらず、なぜ日本のエネルギー調達は民間主導の形が維持されたのか」に関して、政治学・国際関係論を中心とする先行研究が提示する回答を検証・整理した上で、その課題について指摘する。

　結論から言えば、先行研究では、本書の問いに対する明確な回答は得られない。特に民間主導の形が維持された理由、効果、変化といった点に関して詳細な説明が提示できない。

　実は日本の政策に関する先行研究において、民間主導である点を指摘するものは多い。代表的なものは「強い国家／弱い国家論」の系譜に位置する Samuels（1987）や Calder（1993）であり、戦後日本の経済発展の背景に民間企業による大きな影響があった点を指摘し、日本を民間主導の「弱い国家」に位置づけている。Samuels（1987:257-290）はまた中央集権化を進めた明治維新において、政府の財政難に伴う民間払い下げを通じて民間企業にエネルギー市場を開放してきた点が、その後の日本の政策における「民間主導の形」の素地となったことも指摘している。

　本章では、「強い国家／弱い国家論」に加えて、石油危機以降、政治学・国際関係論の分野において発展してきた「歴史的制度論」「逆第二イメージ論」「経済安全保障論」、更には外交史的研究の特徴及び課題について整理する。

（1）強い国家／弱い国家論
　石油危機前後の国際関係で顕著になってきたのは経済・エネルギー安全

保障の台頭だけでなく、1971年の金ドル兌換の停止、いわゆるニクソン・ショックに象徴される米国の国際経済での地位低下、またそれに伴う日本を含めた米国以外の西側先進国の相対的地位の向上である。特に日本は、石油危機以降、経済大国として自他共に認める形で国際的役割が高まっていた。こうした中で、日本の政策形成に対する学術上の注目も高まり、とりわけ官僚や企業との関係性に着目した研究が多くなされるようになった。代表的なものが、Johnson（1982）、Samuels（1987）、Calder（1993）である。

　Johnson（1982）は、1925～75年の日本の経済政策を分析対象として、通産省の主導的役割を指摘し、「強い国家論」を展開した。曰く、日本の官僚は圧力団体や政治家に影響はされるが、ほとんどの主要な決定や法案立案、国家予算管理に関与することで、主要な政策革新の源泉となっているとした。

　これに対して、Samuels（1987）は、Johson（1982）の反例として、最も政府の介入が強いと思われるエネルギー産業における政府の管轄権と民間のコントロールを巡る政治プロセスを検証し、民間の利害以上に政府が強かったことはないと結論づけた。

　Calder（1993）もまた日本の発展を導いたのは現状維持を志向する官僚ではなく、戦略的発想を持った民間企業が原動力であったと指摘し、通産省の主導的役割を否定して、日本の「強い国家論」に反論した。

　ここで一つ指摘しておくべきことは、こうした「強い国家／弱い国家論」自体が、Katzeinstein（1978）が主要先進国の石油危機への対応を比較して、その対応の相違の原因を国内の政治構造、すなわち政府と社会集団間の関係に求めることで生まれた理論だということである。尚、Katzenstein（1978）は日本を「強い国家」として分類する一方、米国を「弱い国家」として分類したが、Krasner（1978）は米国の資源外交を事例対象として検証し、大統領府と国務省が国家利益を優先させて、民間企業の利益に反する行動をとったことがあると指摘した[*11]。

　「強い国家／弱い国家論」に従えば、本書の問いである「日本において石油危機以降も民間主導の形が維持されたのはなぜか」に対しては、日本

を「弱い国家」に位置づける先行研究によって、「日本のエネルギー分野において、政府よりも民間の方が強い影響力や権限を有しているから」と説明される。一方で、この説明は政府と民間企業は常に競争関係にある前提になっており、双方による協議の上で「民間主導の形」が選択されたという可能性を包含できていない。また日本を「強い国家」に位置づける先行研究では、そもそも本書の問いには十分な回答ができないということになる。

（２）歴史的制度論

　「強い国家／弱い国家論」や後述の「逆第二イメージ論」は国際的要因による国内政策形成過程に対する影響に注目するが、1980年代になると、そうした政治過程を規定する制度（institution）の役割をより重視する新制度論が台頭するようになる。すなわち、政策に影響を与える個々の制度を特定し、その成立、維持、変化を実証することで、国家間の強弱の要因に関しても、より説得力を持って説明できるのではないかと考えたのである。

　更に制度論の中でも、その制度の生成過程を歴史に基づいて検証する必要があると主張する理論的立場が「歴史的制度論」として独立した。特に代表的な論者が Hall（1986,1989）であり、第二次世界大戦後のケインズ主義の導入タイミングが各国で異なっていた理由を各国の政権党の志向や、国家と社会の関係といった歴史的要素に見出した。

　歴史的制度論の特徴は、従来の合理主義的決定論とは一線を画し、歴史的経緯の影響によって必ずしも合理的とは思われない決定も行われうることを主張している点にある。特に歴史的制度論の代表的な概念として挙げられるのが「経路依存性」と「フォーカルポイント」である。経路依存性とは、過去に行われた選択が、その後、状況が変化してより合理的と思われる別の選択が出てきたとしても、変更するコストが高まったことで、結局、過去の選択が継続されることを表す。またフォーカルポイントとは、相手が自分に対して持っている期待と、自分が相手に対して持っている期待とが収斂していく上で手がかりとなるような、伝統や文化といった過去

からの遺産のようなものを意味する。

　こうした歴史的制度論に基づくと、本書の問いである「日本において石油危機以降も民間主導の形が維持されたのはなぜか」に対しては、「民間主導の形が合理的かどうかにかかわらず、過去に行われてきた選択として変更するコストが高かった、もしくは政府と民間双方に相手に対して持つ期待が収斂された結果、民間主導の形が維持されたから」と回答されることになる。

　一方で、石油危機以降、日本にとってエネルギー安全保障が軍事的安全保障と並ぶ重要な国家課題となったことを踏まえると、日本として「民間主導の形」の合理性や効果を検証せずに、変更コストの面だけでその選択を維持したと考えるのは、いささか単純で説得力が欠ける回答とも言える。また石油危機に際して同様の状況に陥った欧州先進国では政府関与が強まっており、日本の民間主導の歴史的要素をどのように捉えるかは実証の上でも注意が必要である。

（3）逆第二イメージ論

「強い国家／弱い国家論」同様、石油危機を契機として、国際的要因を国内政策過程分析に取り込もうとする理論として発展してきたのが「逆第二イメージ論」である。

　「逆第二イメージ論」とは、国際要因と国内要因との間の相関、特に国際要因が国内要因に与える影響を重視する理論であり、Katzenstein（1978）や Gourevitch（1978）によって提唱された。その言葉通り「逆第二イメージ」とは、Waltz（1959）によって国際政治の分析レベルとして提示された個人・国内・国際システムの3つのイメージの中で、国内要因から国際要因を説明する第二イメージの逆、すなわち国際要因が国内要因に与える影響を重視する考えである。

　そして、この「逆第二イメージ論」を日本の政策過程分析に適用した代表的なものが、Calder（1988a）による「外圧反応国家（reactive state）論」である。Calder（1988a）は、1980年代後半以降に日本国内で進んだ規制緩和や構造改革をもたらした要因として、米国政府からの「外圧」を

挙げ、日本国内において改革派と保守派の勢力が拮抗していたものの、改革派が米国からの「外圧」を有効に活用したと指摘した。田中（1989）もまた「外圧」とは、「ある問題に対して国内に主要な対立があるとき、その問題に対し加えられる外からの影響力行使の企て」と定義し、外圧を利用することで国内において意見が二分する取組が進められた実態を指摘している。

　尚、石油危機の際の日本にとっての「外圧」に関して、古城（2010）は「米国からの圧力」だけでなく、「国際的な市場からの圧力」にも留意すべきであると指摘する。

　こうした「外圧反応国家論」に基づくと、本書の問いである「石油危機以降、日本政府としてエネルギー安全保障を軍事的安全保障と並ぶ国家課題としたのにもかかわらず、なぜ日本のエネルギー調達は民間主導の形が維持されたのか」に対しては、「米国からの圧力と、国際的な市場からの圧力の中で、民間主導の形を維持することが効果的とされたから」との回答が想定される。一方で、これだけではエネルギー安全保障が国家課題となったのにもかかわらず、政府の関与強化ではなく「民間主導の形」が効果的とされた理由が明確にならない。上記の2つの異なる圧力が日本の政策決定にどのような影響を与え、いかにして「民間主導の形」が効果的とされるに至ったのかに関して丁寧な実証が必要となる。

（4）経済安全保障論

　石油危機以降の「国際的な市場からの圧力」に関連した先行研究として、経済安全保障に関する研究がある。

　代表的なのものが、Koehane and Nye（1977）であり、石油危機以降、従来の権力政治としての「ハイ・ポリティクス」が多元化する一方、経済問題をはじめとする「ロー・ポリティクス」が政治化することにより、双方の境界が曖昧になった点を指摘している。すなわち、経済安全保障が軍事的安全保障と並ぶ重要イシューになったということであり、世界において軍事だけでない複合的な相互依存が進んだと主張した。

　この点を踏まえ、同著では、対外的な経済依存が自国の安全保障に与え

る影響を測る概念として、敏感性（sensitivity）と脆弱性（vulneravility）を挙げている。同著は石油を例に挙げながら、敏感性とは、石油の輸入依存度を測るものであり、輸入依存度が高いほど、敏感性も高いとし、一方、脆弱性とは、ある国からの輸入が難しくなった際に柔軟に他の国から調達できるかどうかを測るものであり、そうした柔軟性が低いほど、脆弱性は高くなるとした。その上で、経済安全保障を確保する上では、敏感性ではなく脆弱性を軽減することが重要であると指摘した。実際、石油危機以降の西側諸国の石油政策は、基本的に省エネルギーや原子力・天然ガスへの代替によって石油依存を低下し、石油調達先の多様化を通じて、石油に対する脆弱性を軽減することを目指した。

　本書が分析対象とする日本の石油危機以降のエネルギー調達もまた、欧米メジャー経由での安定的な石油調達が難しくなる中、ほぼ全量を輸入に依存する敏感性の高い石油に対する脆弱性を少しでも軽減すべく、石油の調達先の多様化や石油以外のエネルギー調達を目指したものであると言える。

　一方で、軍事的安全保障と経済安全保障の境界が曖昧になるということは、国際関係において政治と経済を明確に区別することが難しくなることも意味する。池田（2015）は石油危機を契機に従来の「政治は政府、経済は民間」という無為無策としての「政経分離」に基づく中東政策から、「主体的に政経を分離するための政策」へと転換したと指摘している。同著では、こうした認識に基づき、従来の通説である「石油危機を契機に日本の中東政策が急速に親アラブへと路線転換していった」という指摘に反論し、日本は石油危機以降も対米関係を重視する姿勢は変わっておらず、石油危機を契機として戦略的に「中東において経済的な存在感を発揮しつつ、政治的には可能な限り存在感を希薄化させようとした」と主張している。そして石油危機を契機に従来の「政治は政府、経済は民間」という無為無策としての「政経分離」に基づく中東政策から、「主体的に政経を分離するための政策」へと転換したと整理している。

　この池田（2015）の指摘は、本書の問いである「日本において石油危機以降も民間主導の形が維持されたのはなぜか」に対して本質的な回答を提

示しているように思われる。すなわち、石油危機以降に「民間主導の形」が維持されたというのは、あくまで形が維持されただけであって、実態としては「無為無策としての政経分離」から「主体的に政経を分離するための政策」へと転換していたと整理しているのである。

　一方で、「主体的に政経を分離するための政策」とは具体的にどのようなものなのか、政府と民間の関係性は具体的にどのように変化したのかといった点は十分に説明、実証されておらず、抽象的な表現に留まっているのも事実である。

（5）外交史的研究

　続いて外交史的研究を取り上げる。戦後日本の経済政策を取り上げたものとしては、本書と同じ石油危機前後の資源外交を事例対象とする白鳥（2015）と、安全保障、経済、原子力分野における米国との間の協議を事例対象とする武田（2015）がある。どちらの研究も、いわゆる「30年保管ルール」*12を経て開示され始めた1970〜80年代を中心とする外務省外交文書に基づき政府の選好に焦点を当てた事例分析を行っている。

　白鳥（2015）は、日本の資源外交の形成過程に関して、第一次石油危機への短期的な対応として捉える通説（「対米自立的な外交の展開」）を反証する形で、1967年の第三次中東戦争を契機に米国主導で設立が進められたIEA に対して、日本が1974年に原加盟国として加盟するまでの期間を含めた長期的な対応として捉え、対米・対中東双方向に注意した総合的な取組であった点を外交資料に基づき実証している。

　ここでの通説としての「対米自立的な外交の展開」というのは、前章でも記載した通り、OAPEC 諸国より「非友好国」として認定された日本が、「敵対国」と認定された米国の意向に反して、親アラブである立場を二階堂進官房長官の談話によって明確化した上で、三木武夫副総理を中東アラブ諸国に派遣することで、「友好国」認定を受けたことを指す。これに対して白鳥（2015）は、日本の資源外交は決して対米自立的なスタンスを徹底した訳ではなく、常に米国との対話も継続しながら、何とか容認を得ようと模索をしていた点を外交文書によって実証したのである。

武田（2015）も同様に外交文書を中心に、経済大国となった日本が、安全保障、経済、原子力分野における課題への対応を迫られる中で、米国との間でいかに協調を試み、その帰結として日本がどのような国際的役割を担うに至ったのかを実証している。

　尚、石油危機以降の日本の経済政策、とりわけ資源外交を扱う研究は、従来は取材に基づくドキュメントが主流であったが＊13、ここ数年の間に当時の外交文書が公開され始めたことや、中国との資源獲得競争の激化に伴い2006年以降のエネルギー白書において「資源外交の重要性」が記載されるなど、資源外交に対する注目が高まっていることを受けて、白鳥（2015）のような学術的な観点からの研究も出始めている。

　一方で、こうした日本の資源外交に関する研究は政府としての対中東外交が中心となっており、資源外交のもう一つの重要な要素としての、企業による中東以外での新たなエネルギー資源の開拓や、企業が政府と連携しながら進めたエネルギー協議に関する研究は十分に行われていないのが実情である。実際、白鳥（2015）や武田（2015）も政府選好に偏重している点が射程の限界となっていることを認めている。そのため、本書の問いである「石油危機以降、日本政府としてエネルギー安全保障を軍事的安全保障と並ぶ国家課題としたのにもかかわらず、なぜ日本のエネルギー調達は民間主導の形が維持されたのか」に対しても、政府選好に焦点を当てる外交史的研究では十分に検証されてこなかったという現実がある。

第2節　本書における分析枠組

　本書の仮説及び変数の分散を観察するための分析枠組としては、Merton（1968）に代表される「中範囲の理論」の課題認識を共有する。同理論は、単純経験の一般化ではなく、理論と調査との相互作用を通じて形成される特定の限られた範囲に適用できるものであり、Gaddis（2004）の「limited generalization（限定一般化）」や George and Bennett（2005）の「contingent and time-bound generalization（限定された時間的制約のある一般化）」も同様の理論である。

　更に保城（2015:35-36,87-89）は、「中範囲の理論」とは歴史学と社会科学の統合を目指し、歴史的実証分析の質を保ちつつ、特定の時代と空間に限定された範囲の中でのみ通用する理論を構築するものとし、変則的な事実（従属変数）から、それを説明できると考えられる独立変数を発見し、仮説を構築した上で、データ収集と仮説構築を同時に行うプロセスとしてのアブダクションという方法がとられるとした。これは KKV とも言われる King, Keohane,and Verba（1994:33-47）における「理論とデータは相互作用する」「データを収集する前から完全な理論を持っている必要は無い」という主張にも沿ったものと言える。

　本書における分析枠組は、この「中範囲の理論」に基づく仮説設定と過程追跡による因果メカニズムの実証となる。

　尚、過程追跡においては、都合の良い事例やデータの取捨選択との批判を回避すべく、同一事例内及び事例間で変数の分散が見られる事例を選択することで恣意性を排除することを目指す。加えて、近年公開が進む当時の外交文書に加え、企業史や新聞、民間当事者のインタビューを活用し、一次資料に基づく精緻な分析を行う。

第3節　本書における仮説

　これまで見てきた通り、石油危機及びそれ以降のエネルギー政策に関する先行研究は政治学、国際関係論、歴史学といった幅広い分野で、且つ、国際レベル、国家レベル、企業レベルと様々なレベルで存在している。そして一連の先行研究は本書の問いである「日本において石油危機以降も民間主導の形が維持されたのはなぜか」に対しても、それぞれの回答を提示してきた点を指摘した。

　ここでは先行研究の回答と課題も踏まえて、本書における仮説を提示する。

（1）仮説設定における留意点
Samuels（1987）に代表される日本の「弱い国家論」、すなわち日本の政

策過程における伝統的な「民間主導の形」という特徴に基づくと、日本において石油危機以降も「民間主導の形」が維持されたことは何ら不自然なことではないように思われる。

　一方で、Samuels（1987:261）が日本のエネルギー政策は「民間の利害以上に政府が強かったことはない」と結論づけている点が示す通り、政府と民間どちらが権限を有しているかに着目する「強い国家／弱い国家論」では、政府と企業が連携して国家としての対外目標・戦略を形成していくという視点が抜けている。

　恒川（1996:147-160）も「強い国家／弱い国家論」に対して同様の指摘をしており、Johnson（1982）を国家主義的解釈、Samuels（1987）とCalder（1993）を自由主義的解釈と分類しつつ、前者は官僚機構独自の目標を過度に重視し、反対に後者は官僚機構独自の目標を過度に軽視していると批判し、その結果として双方の理論共に、官僚と企業を包括する国家としての目標という観点が抜けてしまっていると述べている。そして恒川（1996:145-146）は、Pempel and Tsunekawa（1979）を国家主義的解釈と自由主義的解釈の中間に位置づけ、その主張を再整理する形で、戦後日本が経済面での対外脆弱性を軽減するという国家目標の中で、企業が官僚と折衝して政策形成に影響力を与えてきた点を指摘した。そして政策形成過程における官僚・企業間の双方向の影響力行使を分析することの重要性を主張した。

　特に本書が取り上げる石油危機以降においては、日本が国家としてエネルギー安全保障の強い危機下にあり、政府と企業が国内における権限を争っているような状況ではなかった。政府も企業もその存続のために、いかにして海外からのエネルギー調達を進めていくかに苦慮しているという状況であった。

　本書ではこうした日本の危機的状況も踏まえて、政府と企業が対外アプローチをどのように考え、協議していったかという視点を踏まえた仮説設定を行う。

（2）本書における仮説の提示

　本書の問いに対する仮説構築の上では、日本の政府と企業が戦略的に「民間主導の形」を選択するに至ったと考え、そこに至った要因を特定し、独立変数として設定する。

　独立変数の特定に関しては、日本とは対照的にエネルギー調達において政府関与の強化が見られた西ドイツとイタリアとの相違点を踏まえることが有効である。序章で整理した通り、西ドイツとイタリアは、日本と同じく石油危機によってエネルギー調達に大きな影響を受けたが、欧州域内のエネルギー協調枠組があったことや、西ドイツの場合は自国の石炭生産を増やすことが可能であったこと、またイタリアの場合は米国と欧州の緩衝役としての戦略的な外交を展開したことによって、日本と比べてエネルギー調達の上で米国からの圧力を受けにくい状況にあった。言い換えれば、西ドイツとイタリアは日本と比べて「軍事的・エネルギー安全保障間のジレンマ」が強まりにくかった。

　このことから、日本も欧州先進国も、石油危機以降、エネルギー安全保障が国家的課題となる中で、政府としての関与は強くならざるを得なくなった点では同じであるが、その関与の仕方が、対米関係とのジレンマの強弱の違いによって、欧州先進国は政府関与の強化を顕在化できたのに対して、日本は敢えて戦略的に「民間主導の形」を前面に押し出す選択をしたと想定されるのである。

　以上を踏まえて本書では、独立変数としての「軍事的・エネルギー安全保障間のジレンマ」が強いほど、エネルギー調達において、従属変数としての「民間主導の形」が強調される、との仮説を設定する。この独立変数と従属変数の関係性は、同じく石油危機以降に提唱されるようになった国際要因が国内の政治過程に与える影響を重視する「逆第二イメージ論」の構想に基づく形となっている。

　本仮説設定によって、本書における「石油危機以降も民間主導の形が維持されたのはなぜか」という問いに対して、「軍事的・エネルギー安全保障間のジレンマが強まったために、（政府と企業が効果的なエネルギー調達の形として）民間主導の形を強調するようになったから」という回答を実証

することを目指す。

　尚、「民間主導の形」に関しては、池田（2015）の指摘する「政治と経済を主体的に分離するための政策」という点を踏まえ、「エネルギーが政治問題化している中で意図的に経済性を訴えること」を表すものとする。この点は次節における変数測定のための概念の操作化の際に詳述する。

（3）仮説の実証における留意点

　本書の仮説の実証にあたっては、日本の資源外交・経済政策に関する既存の外交史研究が政府選好に偏重してしまっている点を踏まえ、外交文書に基づく政府選好の把握に加えて、企業史や関係者へのインタビューに基づく企業選好の正確な把握にも努める。

　更に「民間主導の形」に関しては、その歴史的要因、すなわち経路依存性も指摘されうることから、本書では日本、ドイツ、イタリアそれぞれの事例に関して、同一事例内における独立変数と従属変数の分散に着目した過程追跡を行う。これにより仮に同一事例内で「民間主導の形」に変動が観察されるようであれば、歴史的要素としての経路依存性の影響よりも「軍事的・エネルギー安全保障間のジレンマ」の影響の方が強いことが実証されることになる。そして本書では、過程追跡を通じて、歴史的要素で何が説明できて、何が説明できないかに関しても丁寧に検証することを目指す。

第4節　変数測定のための概念の操作化

　続いて本書における仮説として提示した独立変数（「軍事的・エネルギー安全保障間のジレンマ」）と従属変数（「民間主導の形」）に関して、その強弱を測る上で必要な概念の操作化を行う。これにより同一事例内並びに事例間で双方の変数がどのような相関関係を持つかを明らかにすることが可能になる。

　「ジレンマ」も「民間主導の形」もともすれば観察の強弱に恣意性が指摘される可能性が高いものであることから、本書では明確な概念の操作化

を行うことで、そうした懸念を払しょくすることを目指す。

（1）独立変数：軍事的・エネルギー安全保障間のジレンマ

　独立変数である「軍事的・エネルギー安全保障間のジレンマ」に関しては、当該プロジェクト関与に対する米国政府の反応によってその強弱を測る。具体的には、米国政府の反応が無反応であればジレンマは「弱」、懸念の表明程度であればジレンマは「中」、そして米国政府が制裁もしくはプロジェクトからの撤退要請を行うようであれば、ジレンマは「強」と捉える。

（2）従属変数：民間主導の形

　従属変数である「民間主導の形」に関しては、政府のプロジェクトに対する関与方針によってその強弱を測る。政府が直接、資源国との開発協議に参加している場合は、民間主導の度合いは「弱」、政府が関与を明言せず企業を側面支援している場合は、民間主導の度合いは「中」、そして政府が関与を否定する場合は、民間主導の度合いは「強」と捉える。具体的には、米国が当該プロジェクトに反対している場面において、政府によって経済性に基づく民間の経済活動であり政府介入が難しい点が強調されている、もしくは企業によって民間経済活動に対する介入であると懸念が示されているといった事象を観察可能な含意（observable implications）として想定する。

表1-1　本書における変数と測定概念

	独立変数:軍事的・エネルギー安全保障間のジレンマ	従属変数:民間主導の形
測定	日本のプロジェクト関与に対する米国政府の反応	日本政府のプロジェクトに対する関与方針
弱	無反応	資源国との協議参加
中	懸念の表明	政府関与明言せず企業を側面支援
強	制裁もしくは撤退要請	政府関与の否定

尚、上記の「民間主導の形」の定義は、前述した池田（2015）が指摘する石油危機を契機に従来の「政経分離（＝外交は政府、経済は民間）」が「主体的に政経を分離するための政策」に転換した点を踏まえており、本書が従属変数とする石油危機以降の「民間主導の形」は、石油危機前の純粋な「民間主導の形」とは異なり、主体的・意識的な政経分離の結果としての「民間主導の形」である点を改めて強調しておきたい。つまり日本政府は米国の圧力をかわす観点で、また日本企業は資源国と経済性に基づく協議を継続する観点で、戦略的に強調したレトリックとしての「民間主導の形」である。こうした観点から、本書の分析射程も石油危機以降としている。

　また今回の対象事例は、基本的に資源国（イラン・ソ連）は自国の経済発展の観点から、また日本はエネルギー安全保障の観点から、それぞれ日本による資源開発を望んでいる状況を前提としている。一方で、特にイラン・IJPC の例で見られるが、イランから日本に対して、経済性を無視した形で開発の早期再開が要請された際にも、日本側として経済性を逸脱した対応は決断できない点を訴えるために「民間主導の形」を強調するインセンティブが働いていた。この場合は、米国政府として日本のプロジェクト関与に対して批判的であったとしても、日本としてもプロジェクトへの関与を弱めようとしているために、「軍事的・エネルギー安全保障間のジレンマ」は必ずしも生じない。この点に関しては、日本としてプロジェクトを推進する場合（つまり当該ジレンマが生じる場合）と、撤退を含めて関与を弱める場合（つまり当該ジレンマは生じない場合）を区別して、丁寧に事例の叙述を行うことにする。

第5節　対象事例と選択理由

　本書では、石油危機以降の日本の資源外交において深刻な「軍事的・エネルギー安全保障間のジレンマ」をもたらした事例として、1970～80年代に展開されたイランとソ連の資源開発プロジェクト（「イラン・IJPC プロジェクト＊14」及び「ソ連・サハリン天然ガスプロジェクト」）及び2000年代にイ

ランで展開されたアザデガン油田プロジェクトを分析する。いずれの事例も、その金額規模並びに多数の官民関係者による関与の点で当時の日本のエネルギー安全保障上、極めて重要な案件とされた石油・ガス開発プロジェクトである。

　まず金額規模であるが、イラン・IJPC プロジェクトは、石油危機前の想定建設費用が約1,500億円と、当時の三井物産の年間の純利益が300億円前後であることを踏まえても、相当な巨額投資であった。更に石油危機後はコスト・インフレが起こり、想定建設費用は5,500億円まで上昇している。また政府としても日本輸出入銀行（輸銀）経由で円借款・直接融資・市中銀行との協調融資で合計2,000億円程度の資金を拠出するなど、文字通り国家規模のプロジェクトであった。

　ソ連・サハリン天然ガスプロジェクトに関しても、まずはガスがあるかどうかの探査段階からの参画であったが、必要な探査資機材は日本側からの1億ドルにも上るソ連側に対する融資で調達され、更に探査が不成功、つまり十分な資源量が見つからなければ、ソ連側の償還義務が免除されるというリスクマネーであった。結果的に相応の資源量は見つかったが、その後の建設費用も100億ドルを超える金額が見込まれるなど、こちらも文字通り国家規模のプロジェクトであった。

　尚、エネルギー資源関連の日本の外務省外交記録の中でも5冊以上に跨がり記載されているプロジェクトは、イラン・IJPC プロジェクトとソ連・サハリン天然ガスプロジェクトの2つのみであり、更には米国側の公文書にも関連記載があり、米国にもその動向が注目された重要プロジェクトであると理解される*15。

　上記のような巨額な投資をしてでも確保しようとした石油・天然ガスが1970〜80年代の日本にとっていかに重要であったかに関しても指摘しておきたい。

　1970年前後の日本の電源構成の6割は石油（その他3割が水力、1割が石炭）であり、エネルギー政策の中でも石油政策が最も重要であった。また石油政策には、資源国における開発事業以外にも、タンカー調達や日本国内での精製事業もあるが、特に開発事業は企業にとってエクスポージャー

が高く、経営に与える影響も大きかった。また1970年前後は石油の代替エネルギーとして天然ガスの導入・利用促進が国家課題として取り組まれており、石油政策と並び天然ガス政策もエネルギー安全保障上の重要課題の一つとされた*16。

　一方のアザデガン油田であるが、比較的直近の事例であることから外交文書はまだ開示されていない。しかし、日の丸油田として長らく日本のエネルギー安全保障を支えてきたサウジアラビア・カフジ油田の権益更新が頓挫したのを契機として、当時の通産省がイラン側との協議を本格化させた経緯があり、当時世界で一二を争う埋蔵量を誇るとされた油田であったこと、そして米国からの日本に対する開発停止圧力が公然とかけられたことから、国際的にも大きく注目されたプロジェクトである。

　加えて、上記いずれの事例も国際情勢の変化に伴い、対米関係の観点で独立変数である「軍事的・エネルギー安全保障間のジレンマ」の大きな変動が観察されることから、独立変数の変化に対する従属変数としての「民間主導の形」の分散を観察可能であることも重要な点である。イランのIJPC プロジェクトにおいては1979年のイラン革命及びテヘラン米国大使館人質事件に伴う米国・イラン間の断交により、またソ連の天然ガスプロジェクトにおいては同じく1979年のソ連のアフガニスタン侵攻に伴う米ソ・デタント崩壊により、そしてイランのアザデガン油田プロジェクトにおいては9.11.テロやイラク戦争、イラン核開発問題により、日本が当該プロジェクトを進める上で、「軍事的・エネルギー安全保障間のジレンマ」が大きくなったと想定される。

　尚、1980年代以降は石油の国際市場化が進み、石油の価格決定権は産油国から市場へと移行、省エネ政策やエネルギー源の多角化も進んだ結果、石油の価格も低下した（図1-1参照）。そして日本としても国際石油市場を通じて安価な石油を安定的に調達することが可能になったことから、大規模な資源プロジェクトに関する事例も無くなった。この時期の経済事例としては、草野（1983）や谷口（1997）が事例対象としているように、日米貿易摩擦等、日本の産業政策に関する注目が高まった。

　しかし冷戦終結後、2000年代に入り、9.11.テロ以降の中東の混乱や中

国の台頭に伴う資源獲得競争の激化による原油価格の上昇（図1-1参照）や、日本の自主開発油田（いわゆる「日の丸油田」）であるサウジアラビア・カフジ油田の権益延長の失敗によって、日本の資源外交に対する注目も再び高まった。本書で事例対象とするアザデガン油田もそうした混乱の中で大きな注目を受けるようになった資源プロジェクトである。

図1-1　原油価格（OPEC年間平均価格）の推移

出典：OPECデータを元に筆者作成

　また本書では日本との比較対象として西ドイツとイタリアのエネルギー政策に関しても分析する。西ドイツに関しては、第一次石油危機以降、本格的に協議が進められたソ連からの天然ガス輸入に関する事例を取り上げる。またイタリアに関しては、石油危機前後からのソ連からの石油輸入や、冷戦終結後のイランにおける油田開発に関する事例を取り上げる。両国の事例とも、当時の国際情勢の変化に応じて米国からの圧力が変化した事例であり、西ドイツ及びイタリアとしての「軍事的・エネルギー安全保障間のジレンマ」の変化を観察するのに適した事例と言える。

　西ドイツとしてソ連との間で天然ガス輸入の協議を開始した1969年は、米ソ・デタントが進んでおり、米国からの圧力は相対的に低かったが、その後、特に1979年のソ連のアフガニスタン侵攻以降は、米ソ・デタントが崩壊し、西ドイツのソ連との天然ガス協議に対する米国の懸念も強まっていった。更に冷戦が終わり、東西ドイツが統一され、ソ連が崩壊した現代においても、ドイツとロシアとの間では2022年のウクライナ危機が生じる

表1-2 本書の対象事例概要

事例名	概 要
イラン・ IJPCプロジェクト	日本が1960年代の親米パフラヴィー朝下のイランと協議を開始した石油化学プロジェクト。日本は1971年に参画するが、石油危機、イラン革命、イラン・イラク戦争等に巻き込まれ、結局、完工しないまま1989年に日本は撤退。
ソ連・ サハリン 天然ガスプロジェクト	日本が米ソ・デタント期にソ連と協議を開始した天然ガス開発プロジェクト。日本は1975年に参画するが、ソ連のアフガニスタン侵攻等に伴う米国による対ソ制裁が開発進展に影響。計画より遅れて2000年代に生産開始。
イラン・ アザデガン 油田プロジェクト	日本が2000年の穏健派ハタミ政権下のイランと協議を開始した石油開発プロジェクト。9.11.テロ後のイラン・米国関係の悪化で参画協議は難航、2004年の参画後も、イランの核開発問題に伴う国連や米国の対イラン制裁が開発進展に影響。結局、生産に至らぬまま2010年に日本は撤退。
ドイツの ソ連・ロシアとの 天然ガス輸入協議	西ドイツは米ソ・デタント期にソ連とパイプラインによる天然ガス輸入協議を開始し、1969年に合意。その後も東方外交を展開するブラント政権の下でソ連との原子力協議も開始。その後、ソ連のアフガニスタン侵攻等に伴う米国による対ソ制裁等によって原子力協議は停止するが、天然ガス輸入は継続し、冷戦終結後もロシアとの間で新規協議を継続。
イタリアの ソ連・イランとの 石油輸入・開発協議	イタリアは第二次世界大戦後、国営石油会社 ENI を通じて産油国と直接協議し、海外石油権益を拡大。米国と対立するソ連からも石油調達。石油危機以降も、イタリアが欧州・米国の緩衝役としての外交を展開する中、ENI は独自の石油調達を継続。冷戦終結後、民営化した ENI は2001年にイランダルホビン油田に参画するが、イラン核開発問題を巡る国連や米国の対イラン制裁の影響を受け、2010年に撤退。

までは天然ガス輸入の更なる増加に向けた協議が行われてきた経緯があり、ウクライナ危機後のロシアからの天然ガス輸入停止の動きも含めて、国際情勢の変化の影響を受けながら進められてきた事例であると言える。

またイタリアは、1950年代より政府傘下の国営石油会社を通じて石油調

達を本格化させるが、1958年にはソ連からの石油調達も行い、その結果、米国ケネディ政権より調達を停止するよう要請を受けた。また第一次石油危機以降は、アラブ産油国より「友好国」認定を受けられず、親アラブを明確化するよう求められる一方で、米国からは消費国として一体となってアラブ産油国に対峙するよう求められるなど、対米関係では日本と同様のジレンマが生じることになる。また冷戦終結後においても、イランで進めたダルホビン油田開発では、イランと米国の関係悪化の影響を受けるなど、イタリアの事例もまた西ドイツ同様、時系列に沿って独立変数と従属変数の変化を観察することが可能である。

　以上を踏まえ、本書における対象事例の概要をまとめると表1-2の通りとなる。

第6節　本書の意義

　これまでの説明の通り、本書は石油危機以降、日本の資源外交において「民間主導の形」が維持されてきた理由を明らかにすることを目的としている。本書の意義としては以下の「学術的意義」と「現代的意義」を挙げることができる。

（1）学術的意義
　学術的意義としては、従来の先行研究では十分になされてこなかった日本の資源外交に関する理論を提示することが挙げられる。具体的には、日本の資源外交に特徴的な「軍事的・エネルギー安全保障間のジレンマ」と「民間主導の形」の因果関係を実証し、資源外交における政府と企業の関係を説明する上で有効な理論を提示することになる。従来の先行研究では、日本の資源外交に関して明確な理論を提示したものは無く、近年開示され始めた外交文書に基づく外交史的分析が端に付いたばかりである。また「民間主導の形」が維持されてきた理由に関して、従来の先行研究である「弱い国家論」や「歴史的制度論」に基づく説明だけでは、政府と企業間の選好の変化が十分に捉えられず、その実態を把握することが難しい。そ

のため、本書で提示することになる日本の資源外交に関する新たな理論は、今後の資源外交に関する学術研究にとって羅針盤的位置づけになることが期待される。また日本の比較対象として西ドイツとイタリアの事例も分析し、本書の日本の資源外交に関する理論が、西ドイツやイタリアの事例でも適用されるかどうか、その外的妥当性（External Validity）に関しても十分に検証を行うことによって、理論の正確性、汎用性を担保することを目指す。

　加えて、外交史的分析としても、新たに開示された一次資料に基づき、石油危機以降も日本のエネルギー調達が「民間主導の形」で行われた背景及びその実態を解明することにより、これまでの外交史的先行研究が提示してこなかった歴史的事実の再解釈を明らかにするという意義もある。確かに白鳥（2015）や池田（2015）の先行研究においても、日本の資源外交に関する従来の通説である「石油危機を契機に日本の中東政策は急速に親アラブへと路線転換した」という点が反証されることで新たな視点が提示されてはいるが、日本政府の視点のみに焦点が当てられており、企業側の視点や政府と企業の関係性に関しては十分な分析がなされていない。この点において、本書が実証する日本の資源外交における政府と企業の関係、具体的には、石油危機以降、政府と企業が連携して戦略的に民間主導のエネルギー政策を遂行したという実態は、新たな歴史的事実の解釈となるだろう。

（2）現代的意義

　現代的意義としては、本書の分析事例が展開された1970〜80年代並びに冷戦終結後の2000年代の日本を巡るエネルギー情勢は、それ以降も基本的な部分では変わっておらず、日本が軍事的安全保障は米国に依存する一方で、エネルギー安全保障は米国と敵対するロシア等にも依存するという構図は続いている。加えて、現代は中国が政府主導により、収益性を度外視する形で資源獲得を進める傾向を強めており、日本にとっての資源外交の重要性、難しさは強まっているとも言える。

　更には、ロシアやイラン、それに中国といった権威主義的国家と、日本

や米国・欧州連合（EU）を含む自由主義的国家との対立が深まっており、これまで以上に日本にとって権威主義的国家における資源エネルギー政策は、対米・対自由主義圏との間のジレンマを強めうる状況となっている。このことは、期せずして、2022年のロシアのウクライナ侵攻を受けて欧米メジャーであるシェルが即座にサハリン2プロジェクトから撤退を決定した一方で、日本企業は出資継続を選択したということからも明らかになった。

　また確認埋蔵量を見ても、2020年末時点で原油に関しては、ロシアが世界6位、イランが世界4位、天然ガスに関しては、ロシアが世界１位、イランが世界2位となっており、ロシアとイランのエネルギー資源は世界のエネルギー情勢に極めて大きな影響を与える存在であり続けている＊17。

　そのため、本書の提示する日本の資源外交における政府と企業の関係の実態そして課題は、これからの日本の資源外交のあり方を検討する上でも、有益な示唆を与えてくれるはずである。この点に関しては、本書の終章において、分析結果を踏まえて、詳細に検討する。例えば、日本の場合は、これまでも民間企業主導で資源投資を進めてきたことから、ノウハウは民間側に多く集積されているのは事実である一方で、国際社会からの制裁リスクや中国による採算度外視での資源投資、更にはウクライナ危機後の世界的なエネルギー需給のひっ迫と資源獲得競争の激化と向き合っていく上では民間企業だけではリスクを背負い切れない状況になってきているのも事実である。「民間主導の形」と政府による融資・保険といった制度の拡充をどのように融合していくかといった点も今後更なる検討が必要になるだろう。

第2章
❖
事例分析①
日本とイラン・IJPCプロジェクト

第1節　事例の特徴

　本章では IJPC プロジェクトにおける日本の政府と企業の関係の変化に関して、独立変数である「軍事的・エネルギー安全保障間のジレンマ」と従属変数である「民間主導の形」の変化に着目して過程追跡を行う。

　前もって結論を提示すると、1960年代後半の参画協議開始時は、イランが親米のパフラヴィー朝下にあったことから、日本にとってイランにおける IJPC プロジェクトの遂行の上で対米関係との間のジレンマは無かった。こうした状況下、外務省主導の訪イラン経済使節団の派遣や通産省による石油開発公団経由での調査派遣等、民間だけでなく政府の関与も積極的に見られた。つまり、独立変数である「軍事的・エネルギー安全保障間のジレンマ」が弱く、従属変数である「民間主導の形」も弱かった。

　その後、1973年10月に第一次石油危機が生じると、原油価格の上昇に伴い世界規模でのコスト・インフレが起こり、IJPC プロジェクトの建設費も高騰し、建設開始も遅延した。しかしながらイランは第一次石油危機の当事者ではなかったこともあり、IJPC プロジェクトに対する直接的な影響は限定的であり、日本政府として IJPC プロジェクトを国家的な大型プロジェクトであると見做すスタンスに大きな変化は見られなかった。そのため、引き続き「民間主導の形」も前面に出されることはなかった。

　しかしながら、1979年2月にイランにおいてイスラム革命が発生し、親米パフラヴィー政権が倒された。IJPC を巡っては、革命発生直後は、人命第一として民間主導で迅速な現場対応がとられたものの、その後は、日本政府がイラン革命政府を逸早く承認し、イラン革命政府からも IJPC プロジェクトを国有化することはしないとの明言を早い段階で取り付けるな

ど、日本政府の積極的な関与が継続された。その後も、民間側要請を受けて、政府出資の検討が進み、通産省主導でイラン側と協議の上、同年9月に政府出資の方針を閣議決定した。このように、イラン革命発生以降も日本政府としての IJPC に対する関与姿勢は積極的であり、むしろ民間側の先行きに対する不安を支援する形がとられた。また米国もイラン革命政府の承認はしていなかったものの、この時点ではイランに対する制裁や断交も行っておらず、日本並びに IJPC に対する懸念等も表明されていなかった。つまり、イラン革命発生以降も、日本にとって対米関係上の「軍事的・エネルギー安全保障間のジレンマ」はそれほど強まることはなく、「民間主導の形」も前面に出されることはなかった。

　しかしながら、1979年11月にテヘランの米国大使館で占領・人質事件が発生すると、米国カーター政権はイランからの原油輸入を停止、更に翌80年1月に国連安全保障理事会において対イラン経済制裁がソ連の拒否権で棄却されると、同年4月には米国はイランと断交し、日本を含む同盟国に対して同調するよう要請した。ここに、日本にとってイラン・IJPC プロジェクトを継続する上で対米関係上の「軍事的・エネルギー安全保障間のジレンマ」が強まることになった。こうした状況下、日本は更なる政府出資を停止しつつ、イラン政府からの IJPC 推進要請に対しては「民間主導の形」を前面に出した対応を行う一方で、対米説明上においても政府として「民間主導の形」を強調しながら、プロジェクトの継続に対する理解を求めるようになった。

　その後、1980年9月にイラン・イラク戦争が勃発すると、当初、日本側は状況改善を見ながら工事再開を目指す方針を持っていたため、米国からの批判をかわすことに加えて、イラン側からの早急な工事再開要求をかわして安全が確保されたタイミングで工事再開を進めるためにも、引き続き「民間主導の形」を強調しながら協議を進めた。しかしながら、戦争が長期化する中で、日本の民間側は工事再開を目指す方針を断念し、政府からの貿易保険を得た上での撤退を目指すようになった。こうして日本として米国に対してイランにおける事業継続を求める必要は無くなり、独立変数である「軍事的・エネルギー安全保障間のジレンマ」、従属変数である

「民間主導の形」共に弱まることとなった。

このように IJPC の事例では、事例内において独立変数・従属変数共に当初の「弱」から「強」に変化し、更にその後「弱」に戻っている。それでは次節以降では、外交文書等の資料に沿って、当該変数の変動の様子を詳細に叙述していく*18。

第2節　親米国家イランとの参画協議

IJPC プロジェクトの発端となったのは、1968年11月の訪イラン経済使節団であった。当時、パフラヴィー朝下のイランは中東の産油国としてサウジアラビア、クウェートと並ぶ発展性に富む安定した国であるとされており、日本はメジャー経由で原油輸入量の約4割を依存していた。そのため、より密接な経済関係樹立を目指した外務省が主導する形で同使節団が結成された。外務省は元大蔵大臣でもあった平田敬一郎に団長を委嘱し、外務省と同氏との間で団員の人選が進められ、民間の他、外務・大蔵・通産省からも随行員が出された。そして同使節団がイランを訪問した際に、イラン側より日本側に対して石油化学プロジェクト推進への協力要請が行われた（IJPCプロジェクト史 1993:5-12）。

同訪問団には三井物産以外の商社も含まれていたが、帰国後、プロジェクトチームを組織し実際にイランに調査団を派遣（1969年1月）するなど積極的に検討を進めたのは、三井物産のみであった。三井物産は当時「石油元売権」を持たず、他商社に比して石油部門が弱かったため、安定した産油国との評価が高かったイランにおける石油化学プロジェクトを商内拡大のチャンスと捉え*19、後述するようにイランがロレスタン（Lorestan）鉱区との抱き合わせ商法を提示するに至り、その検討を本格化させた。ロレスタン鉱区は未開発であったが、その地質・地層構造から高品質の低硫黄の原油が産出する大規模油田の可能性があるとされていた（梅野 2009:134-135; 小宮 2013:44; 寺島 2016:29-30）。

実際の所、当初は石油化学プロジェクトとロレスタン鉱区の石油開発プロジェクトは別々に検討が進められていた。前述の三井物産を中心とする

石油化学プロジェクトの調査団が派遣される直前の1969年1月、イランの
ザヘディ外相が来日し、佐藤栄作首相に対してイランにおける石油鉱区開
発への日本の協力を要請しており、これに応える形で1969年10月に日本政
府は石油開発公団による調査団を派遣した。その後、1970年3月には石油
開発公団が三菱商事と合同の調査団を派遣し、再調査を行ったが、三菱商
事は投資額に対するリターンの少なさを理由に参画を断念している。イラ
ン側の交渉窓口も、石油化学プロジェクトが NPC（国営石油化学会社）で
あったのに対して、石油鉱区開発は NIOC（国営石油会社）であり、別々
であった（IJPC プロジェクト史 1993:13-15）。

　その後、NIOC は、1970年7月付でロレスタン鉱区を国際公開入札に付
すという公示を実施した（応札期限は1971年4月末）。これに対して、日本で
は、非繊維部門の拡大を目指していた帝人が積極的な反応を見せ、北スマ
トラ石油開発会社と三井物産に参加を呼びかけ*20、最終的には、単独で
は参画を断念していた三菱商事も参加することになり、日本企業4社によ
る連合で応札することになった（IJPC プロジェクト史 1993:16-17）。

　更には通産省が、石油開発公団経由で全面的な支援を約束し、応札準備
段階では、鉱区獲得後に設立する新会社に対して石油開発公団として50%
出資することを決めていた。尚、同鉱区の応札者としては、日本側連合の
他に、米国のメジャーであるモービル（現在のエクソンモービル）、西ド
イツの国営石油会社である DEMINEX といった欧米の有力企業も並んでお
り、危機感を抱いた日本側はイラン側が望む付帯条件を探る水面下の予備
交渉を進めていった（IJPC プロジェクト史 1993:17-18）。

　こうした中、日本とイラン間の予備交渉において、NIOC は日本側4社
連合に対して、ロレスタン鉱区入札に関する付帯条項として、三井物産等
が交渉を進める石油化学プロジェクトを含めるよう主張するようになる*21。
このことは、石油化学プロジェクトと鉱区入札の双方に参加する三井物産
に対して、鉱区獲得という国益と石油化学プロジェクトの採算性確保とい
う私企業経営にとって最も重要な要素との間の相克をもたらした。という
のも、ロレスタン鉱区の入札期限が4月末に迫る一方で、石油化学プロジ
ェクトについては事業性調査並びにイラン側との条件協議といった採算性

確保のために必要な作業が山積していたからである（IJPC プロジェクト史
1993:25-26）。

　結局、1971年4月末の応札の際には、「石油化学プロジェクトの採算性
については詳細を追って協議する」との条件を付す形で、ロレスタン鉱区
応札の付帯条件としてイランにおける石油化学プロジェクトの実施が加え
られた。その後、イラン側との最終交渉を経て、6月末、日本側にロレス
タン鉱区の落札通知書が手交された。同年7月には、かねてよりイラン政
府が要望していた石油化学プロジェクトに対する約2.3億ドル（約828億
円）の政府間混合借款が確定し＊22、その後、NPC との間で石油化学プロ
ジェクトの Letter of Understanding（L/U）、NIOC との間でロレスタン
鉱区の共同開発に関する契約書が調印された。しかし調印の段階になって、
イラン側の強い要望に押される形で、石油化学プロジェクトはロレスタン
鉱区開発とは切り離され、ロレスタン鉱区における出油の成功不成功にか
かわらず推進すべきプロジェクトとなった。その結果、この2つのプロジ
ェクトは別個に推進されていくことになる。これは参画協議当初はロレス
タン鉱区と石油化学プロジェクトをセットとすることで両プロジェクトへ
の日本企業連合の参画を確実なものにしつつ、参画が固まった段階で、そ
れぞれ別個の契約とすることで、ロレスタン鉱区の不成功でも石油化学プ
ロジェクトから撤退することを認めないというイラン側の周到な戦略であ
った。一方で、日本企業側としても石油化学プロジェクトのみでもある程
度の投資リターンは確保可能との見立てもあり、そのまま合意に至った
（IJPC プロジェクト史 1993:32-36）。

　石油化学プロジェクトは、その後、前述の L/U を骨格とする形で同年10
月に Basic Agreement（B/A、基本協定）が締結され、12月に日本側の海外
投資会社である ICDC ＊23が設立、更に1973年4月に同 B/A に基づき NPC
と ICDC の折半出資である IJPC が設立された。1972年12月時点での想定
建設費用は4.7億ドル（約1,450億円）であり投資リターン率も20％超を確保
していた。日本経済全体を見ても1972年7月に就任した田中角栄首相の下
で「日本列島改造論」が叫ばれるなど、1972年後半から景気は上昇傾向で
あり、またイランのカントリーリスクに関しても、1972年8月に実施され

た植村甲午郎経団連会長を団長とするイラン使節団が「イランのパフラヴィー朝は安泰である」との報告を行うなど、参画に至る過程での混乱を乗り越えて、日本企業側にも IJPC プロジェクトに対する期待は高まっていた（IJPC プロジェクト史 1993:37-72）。

こうした中で、1973年10月に第一次石油危機が生じた。その結果、世界規模でのコスト・インフレが起こり、1年以上の見直し作業を経て IJPC プロジェクトのプラント建設費用の予算も5,500億円まで引き上げざるをえなくなった。その結果、ICDC に対して30％出資していた東洋曹達工業が15％への出資削減を行うなど、日本側企業の足並みにも乱れが生じ始めた＊24。それでもイラン側にも追加負担を認めさせるなどして、IJPC プロジェクトは1976年より本格的な建設工事を開始した。また1976年8月には、日本輸出入銀行（輸銀）を中心とする複数の融資契約、具体的には円借款契約（輸銀→イラン大蔵省、288億円、金利年率4％）、ダイレクト・ローン（輸銀/市中銀行協調融資団→ NPC、600億円、金利年率7.75％）、ICDC ローン（輸銀/市中銀行協調融資団→ ICDC、1,250億円、金利年率8.349％）に関する調印が行われ、資金確保にも一定の目処を立てた（IJPC プロジェクト史 1993:73-94）。

一方、採算性把握の重要なファクターである原料ガスの価格はイラン側と折り合いがつがず、不透明な状況が続いた。更には、1977年12月にはロレスタン鉱区における9本の試掘が全て不成功となり、NIOC に鉱区が返上されることとなった。日本側の最大の狙いであった石油開発は実現せず、付帯条件であった IJPC プロジェクトのみが残される結果となった。それでもこの時点では、日本側当事者は IJPC プロジェクトのみの採算性を確保することに注力しており、ロレスタン鉱区の返上が即、石油化学プロジェクトからの撤退の動きに繋がることはなかった（IJPC プロジェクト史 1993:95-102）。

以上のように日本の IJPC プロジェクトに関する参画協議は親米国家であったパフラヴィー朝下のイランとの間で開始されたため、その時点では日本に対米関係との間でジレンマは無かった。こうした状況下、外務省主導で官民混合の訪イラン経済使節団が1968年に派遣され、イラン側より油

田開発と石油化学プロジェクトに対する協力要請が行われた。翌1969年には イラン外相が来日、当時の佐藤栄作首相に対して改めて協力要請があり、 これに応える形で日本政府は石油開発公団による調査団を派遣するなど、 日本政府の積極的な関与は続いた。並行して民間側も三井物産を中心にイ ランの国営石油化学会社や国営石油会社との間で採算面等の具体的協議を 進めるなど、官民連携で協議が進められた。政府の関与に関しては、1980 年1月に行われた外務省中近東大使会議の議事録には「IJPCの如き大型 案件は、民間主導といっても上手くいかなければ結局政府が後始末をしな ければならず、最初手がける時に政府としても十分に検討し、言うべきこ とははっきりいって指導することが肝要である」*25との発言が残っており、 日本政府としての更なる関与を目指す姿勢も示されている。一方でイラン 側との協議は紆余曲折あり、1973年に第一次石油危機が生じると、世界的 なコスト・インフレにより石油化学プロジェクトの想定コストも増額され、 着工も遅延、更にロレスタン鉱区は試掘が全て失敗し、イラン側に返上さ れることになった。本書の仮説を踏まえると、本節の段階では、独立変数 である「軍事的・エネルギー安全保障間のジレンマ」は弱く、従属変数で ある「民間主導の形」も弱かったと言える。

第3節　イラン革命と日本政府による出資

　1978年に入ると、イランの国内情勢に不穏な兆しが出始め、1月には古 都コムでイスラム神学生による反国王デモが行われ、これを皮切りに主要 都市で反体制運動が激化していった。10月には全国一斉ゼネストが発生し、 IJPCサイトでもイラン人労働者の6割がストライキに突入する事態とな った他、サイト内で日本人がイラン人の襲撃を受けて負傷する事件も発生 した。こうした事態を受けて、駐イラン日本大使館もイランからの邦人の 引き揚げを勧告し始めた（IJPCプロジェクト史　1993:103-107）。
　更に1978年12月7日にはイラン側の担当責任者であるNPC総裁が出国 する事態となった。その後、IJPCの日本側投資会社であるICDCの八尋 社長は、1978年12月から翌年1月にかけてイランに出張し、混乱した現地

事情を把握すると共に、同国の経済・財務官僚と面談した。そして帰国後の1月11日に開催された ICDC 親会社幹部による相談会において、これまでのプロジェクトの積極推進の立場を見直し「基本方針は変更しないものの情勢に応じて臨機応変に対処する」との決議を行い、撤退しないまでも工事の一時中断を視野にイラン側と交渉していく可能性を探り始めた。この決定には、同相談会の前日に送られてきた三井物産からイランに出向中の IJPC 社長からの訴状において、「革命の混乱の中で諸外国の駐在者が帰国し始めている中で、IJPC プロジェクトの日本人要員数千人が依然として留まっているのは異様である」と主張されていたことも影響を与えていた。一方で工事自体は8割前後まで進捗し、更に革命新政府も IJPC は国有化しないと明言していたこともあり、ICDC としてこの時点で撤退という選択肢は持たなかった（IJPC プロジェクト史 1993:107-109）。

　同決議後の1月16日にはイランからパフラヴィー国王が亡命、3日後の1月19日に行われた IJPC における日本人幹部（ICDC）とイラン人幹部（NPC）との会談において、「現況では工事継続不可能」との合意に達した（IJPC プロジェクト史 1993:109）。

　2月1日にホメイニ師がイランに帰国したことでイランにおけるイスラム革命が実現、IJPC もホメイニ派によって占拠され、イラン側パートナーである NPC 役員も刷新された。これを受けて、八尋 ICDC 社長は3月に再びイランを訪問し、NPC 新社長と会談、革命初期の混乱でイラン側も NPC の経営機能が事実上止まっていたことも踏まえて「取り敢えず3ヵ月の工事中断を行い日本人は引き揚げる」ことで合意することに成功した。そして3月中にサイトより日本人スタッフ全員の引き揚げを完了させた。この時点で工事進捗率は85％であった（IJPC プロジェクト史 1993:110-121）。

　以上のように革命発生前後の混乱においては、人命を第一とした迅速な対応が求められたことから基本的に民間企業である ICDC が前面に立ってイラン革命新政府との交渉を行った。その一方で日本政府もイラン革命政府を逸早く承認するなど、日・イラン関係強化の動きを見せて、ICDC の対応を間接的に支援した面もあった＊26。実際、三井物産は1979年3月にイラン革命政府から革命後初めての原油輸出先に選ばれ、契約価格も19ド

ル／バレルと同時期に契約した米国会社よりも2.5ドル／バレルほど安価になるなど、IJPC プロジェクト参画の恩恵を受けていた。イラン側（NIOC 関係者）も三井物産を優遇した理由として、「革命にもかかわらずテヘランに残り IJPC を撤退しなかったこと」を駐イラン日本大使に明示している＊27。

　更には、イランからの日本人引き揚げが完了する前後で開催された3月の ICDC 相談会では、イラン革命による不透明な先行きの見通し、並びにイラン側からの工事再開要求に対する対応面での不安から、日本政府出資（海外経済協力基金による出資）によるナショナル・プロジェクト化を求めていく方針が確認された。これに基づき、八尋三井物産副社長兼 ICDC 社長は、元通産省事務次官で三井物産常務の山下英明と共に通産省・外務省に支援要請を開始した。更に4月には、三井物産は八尋を三井物産社長兼 ICDC 会長、山下を ICDC 社長にする人事を内定させた（IJPC プロジェクト史 1993:123-125）。

　4月中旬には通産省から ICDC に対して、政府出資のための下地作りとして、他の民間企業からも広く出資を募るようにとの勧告が行われた＊28。これを受けて ICDC は銀行等を中心に数十億円規模の出資を内定させ、5月中旬に ICDC 相談会において政府出資の正式要請を決議した。尚、6月末にイラン側と合意した工事中断期限が到来しているが、建設予定計画が日本・イラン間で合意に達せず資金調達も決定していなかったため、ICDC・NPC 間で中断延長が合意された（IJPC プロジェクト史 1993:126-130）。

　8月には ICDC は経団連の常任理事会と中東協力センター＊29に対して協力を依頼、両団体は IJPC をナショナル・プロジェクトとして支援するよう政府に要請することを決議し、通産省・大蔵省・外務省・経済企画庁並びに日本輸出入銀行・海外経済協力基金宛に要請状を提出した。ここに民間側として一致団結する形で政府出資を求める姿勢が確立された。そして翌9月に日本政府は、通産省の天谷直弘審議官を団長とし、通産省・大蔵省・外務省・経済企画庁・日本輸出入銀行・海外経済協力基金の課長クラスからなる「天谷ミッション」をイランに派遣、ナショナル・プロジェクト化に向けた現地調査並びにイラン政府関係者との折衝を本格化させた。

イラン政府は日本政府による出資を実現させることで早期に工事を再開することを求めていた（IJPCプロジェクト史 1993:130-131）。

　そして9月7日付で天谷ミッションとアベディ NPC 社長間で、所要資金総額の上限を7,500億円とすること、イラン側による国有化の意思がないこと、IJPC 事業の採算性にはイラン政府も万全を尽くすこと等を盛り込んだ覚書を締結した上で、9月11日の閣議（大平正芳内閣）において政府出資の基本方針が決定された。更に10月12日の閣議で、海外経済協力基金より ICDC に対して合計200億円の出資を2年間で数回に分割して行うことが決定された*30。その翌日からは江崎真澄通産相が天谷直弘通産省審議官、宮本四郎通産省通商政策局長、千葉一夫外務省中近東アフリカ局長と共にイランを訪問、バザルガン首相及びモインファル石油相と会談し、ナショナル・プロジェクト化決定を伝えると共に、イランに対して革命の混乱によって減少している対日原油供給の30%増加を要請した。イラン側からは前向きに取り組むとの回答があると共に、従来通り工事の早期再開が要請された（IJPCプロジェクト史 1993:132-134）。

　同会談を受け10月21日、イランよりアベディ NPC 社長が来日し、工事再開について ICDC 首脳部と交渉を本格化させた。ICDC 側がプラントの中枢部分の工事が残っていることから最低1,000名の日本人労働者が必要と主張したのに対し、NPC 側は現地雇用を優先すべく日本人労働者は500名程度に絞るよう主張した他、イラン側は IJPC の資金枯渇を踏まえた工事再開のための予算の承認を拒否し、資金的裏付けを行わないままでの日本側の工事再開を要求するなどして議論は紛糾した（IJPC プロジェクト史 1993:135）。

　以上のように1979年2月にイラン・イスラム革命が発生すると、発生直後は人命第一として現場主導という形で民間主体である ICDC が前面に立って工事中断及び日本人引き揚げを実行した。しかしその後は、革命が発生した2月の内に日本政府がイラン革命政府を逸早く承認、イラン革命政府より IJPC プロジェクトを国有化することはしないとの明言を取り付けるなど、日本政府の積極的関与が継続された。イラン革命政府の承認に関しては、米国が支援するパフラヴィー朝を打倒する形で樹立されたこと

もあり、当時の米国カーター政権は承認を拒んでいたが、日本政府として
は承認する選択をした。

　その後も、日本の企業側の要請を受けて、IJPC プロジェクトへの政府
出資の検討が進み、通産省主導でイラン側と協議の上、1979年9月に政府
出資、いわゆるナショナル・プロジェクト化を決定した。このようにイラ
ン革命発生以降も、日本政府として IJPC に対する関与は積極的であり、
むしろ民間側の先行き不安を支援する形がとられた。米国に関しても、革
命政府の承認はしていなかったものの、イランに対する制裁や断交はまだ
行っておらず、日本の IJPC 関与に対する懸念表明等もされていなかった。
以上のように、本節の段階においても、独立変数である「軍事的・エネル
ギー安全保障間のジレンマ」は強まっておらず、従属変数である「民間主
導の形」も強まっていなかった。

第 4 節　米国・イラン断交による日本のジレンマ

　1979年11月4日にテヘランで米国大使館の占拠・人質事件が発生し、米
国カーター政権はイランからの原油輸入の停止を発表した。更に翌1980年
1月に国連安全保障理事会において対イラン経済制裁案がソ連の拒否権で
棄却されると、4月に米国は単独でイランと国交を断絶した上で、同盟国
に対して米国の制裁措置に同調するよう要請した。これを受けて同月、
EC 外相理事会が大使引き揚げを含むイランに対する政治・経済制裁発動
で合意し、日本も可能な限り EC と共同歩調をとることを発表した。

　一方、日本は、イランからの原油輸入量が欧州全体のイランからの原油
輸入量の2倍であることを理由に、原油輸入の自主規制と IJPC 操業停止
については制裁に含まないことを決定し、米国・欧州に理解を求めている。
当該決定に関しては、通産省が事前に外務省宛に「国益上」原油輸入自主
規制と IJPC については制裁上配慮すべきとのメモを提出していた[*31]。
この背景には、人質事件発生直後に、米国がイランからの原油輸入停止を
決定したにもかかわらず、複数の日本の大手商社・石油会社がイラン政府
よりイラン原油を高値で購入したとして日米間で緊張が生じたことへの反

省もあった。これは米国の輸入停止決定を受けて NIOC が2,000〜3,000万バレルの原油をスポット・ベース（価格で40ドル前後）で買うよう日本企業に迫り、もし拒絶するならば、1980年の長期契約ベースの原油供給を保証しない旨をほのめかしたことで生じたとされるが、通産省による高値でのイラン原油購入を控えるべきとの勧告を無視したものであった（天谷1982:20）。これに対して通産省高官であった天谷は、日本企業の行動に全面的な賛成はできないとしつつも、米国メジャーが対日原油供給を削減する中、通産省の勧告に従うことで原油の入手難に陥ったり、もしくは原油が高騰して損失を被ることになったりしても政府は補償できない以上、企業判断としてはやむをえない部分もあるとして一定の理解はしていた（天谷1982:21）。結局、本件は、天谷が12月にワシントンで記者会見を開き「日本企業のイラン原油の高値買いは極めて遺憾であった」「今後日本企業が人質事件の解決を妨げるような行動を繰り返すことのないよう厳しく指導する方針である」旨言明し、日本企業によるイラン原油の高値買いが日本政府の関与しない民間主導であった点を強調することで事態の沈静化を図っている*32。

　こうした経緯もあり、通産省は日本のエネルギー安全保障と対米協調を両立すべく4月の対イラン制裁に際しては、外務省経由で事前に米国・欧州に理解を求めるべく行動したのである*33。外務省もまた米国・イラン関係の悪化の中で、経済制裁に同調を示しつつ、エネルギー安全保障上、IJPC 操業には影響を与えないように、細心の注意を払っていたことが外交記録にて明らかになっている*34。

　このように IJPC を含めない形で日本は4月に対イラン制裁を決定するが、同月にイランは対日原油輸出を停止し、日本とイランの関係はより一層悪化することになる*35。その間、IJPC に関しても、民間企業による交渉に加えて、和田力駐イラン大使がイランの石油省次官と会談するなど、官民それぞれのレベルでの協議を続けているが、IJPC に関するイラン側の追加資金負担を求める日本側と、早期工事再開を求めるイラン側で折り合いがつかないまま事態は膠着状態に陥った（IJPC プロジェクト史 1993:143）。

　ICDC は、資金面での問題を重視する一方で、日本政府にナショナル・

プロジェクト化を要請した経緯もあり、可能な限り早期の工事再開を行いたいという選好も持っていた＊36。そこで取り敢えず日本側が費用を立て替え、後日 IJPC の費用に振り替えるとの方針を決め、イラン側との合意形成を目指すようになった。その結果、紆余曲折を経ながらも6月末にイラン側に原料ガス調達や現場のイラン人規律回復への努力約束を承諾させた上で工事再開に合意した（IJPC プロジェクト史 1993:144-148）。

　以上のように1979年11月4日にテヘランで米国大使館の占拠・人質事件が発生し、米国・イラン関係は更に悪化、翌80年4月には米国カーター政権はイランと国交を断絶した上で、同盟国に対して米国の制裁措置に同調するよう要請を行った。ここに IJPC 事業が開始されて以降、最も日本にとって「軍事的・エネルギー安全保障間のジレンマ」が強まることになった。こうした中で日本は、対米説明・釈明には政府が「民間主導の形」を戦略的に強調すると共に、対イラン説明でも民間企業が経済性に基づき「民間主導の形」である点を前面に出して工事再開協議を進めた。つまり本節の段階においては、独立変数である「軍事的・エネルギー安全保障間のジレンマ」が強まった結果、従属変数である「民間主導の形」も強まったことが観察された。

第5節　イラン・イラク戦争における日本のジレンマ

　1980年6月末に工事再開で合意し、工事が再び軌道に乗り始めた9月下旬、サダム・フセイン大統領率いるイラク軍がイランへの侵攻を開始し、イランの首都テヘランやイラン空軍基地への空爆を実施した。これに対しイランもイラクの首都バグダットへの空爆を行い、両国は全面戦争に突入した。イランのイスラム革命を懸念する米国・欧州、更にはソ連・中国までもイラクを積極的に支援した。9月末にはイラク・イラン国境付近にある IJPC サイトもイラク軍の空爆を受けた（IJPC プロジェクト史 1993:149-151）。

　三井物産は、人命の安全を最優先として、サイトからの日本人技術者の引き揚げを指示した。三井物産としては「基本協定（B/A）によって何をするのにもイラン側の同意が必要であるため、撤退しても、下手をすると

訴訟沙汰や外交問題に発展しかねない。それだけは避けたかった」「動揺の広がりによる日本民間側5社の足並みの乱れを起こしたくない」*37との選好を持っており、無期限の技術者引き揚げという選択肢をとりつつ、時間をかけて撤退に向けた協議を進めていく方針を持っていた。

　同様に、日本政府も空爆による被害や工事中断によるプロジェクトの採算性への影響を懸念し、これらを現地調査して事業計画が洗い直されるまでは、海外経済協力基金から ICDC への出資を凍結することを決定した（IJPC プロジェクト史 1993:152）。

　一方で、通産省は田中六助通産相経由で三井物産の八尋社長を呼び出し、「日本人引き揚げを（通産省の許可無く）軽々に判断しては、イランを無用に刺激することになり困る」と懸念を伝えると共に、ICDC に対して事業投資者としての事業継続の意思の確認も行っている*38。これに対して八尋は「怒りたいのはこっちの方であった」と振り返っている*39。このことからも、イラン側との協議は「民間主導の形」で行われていた一方で、通産省と民間側のやりとりも継続していたことが分かる。

　イラン・イラク戦争の勃発以降も、基本的に日本側は状況改善を見ながら工事再開を目指す方針を持っていたが、米国からの批判をかわすことに加えて、イラン側からの早急な工事再開要求をかわし、安全が確保されたタイミングで工事再開を進めるためにも、「民間主導の形」を強調しながら協議を進めていった。つまりこの時点でも、引き続き「軍事的・エネルギー安全保障間のジレンマ」は強く、日本側は「民間主導の形」を対米説明、そして対イラン説明にも活用していたと言える。

　10月に入っても2度に亘るサイトへの空爆が起こり、10月21日、ダビリ IJPC 社長とイランのトンドグヤン石油相が会談し、IJPC の判断による日本人引き揚げにイラン側は苦情を言わないという非公式の合意ができた。これを受けて IJPC はテヘランに避難中の建設請負会社（コントラクター）等に対し、不可抗力（Force Majeure）宣言を行い、日本への帰国を承認、780名あまりの日本人関係者が帰国を果たした。11月には ICDC 相談会が開催され、工事中断中の経費削減方針を決めると共に、通産省経由で大蔵省に対して海外経済協力基金からの出資を引き続き実行するよう働きかけ

ると同時に、日本輸出入銀行に対して対イラン貸付について金利棚上げ要請を行う方針を決定した（IJPC プロジェクト史 1993:153-155）。

　しかしながら、大蔵省は、空爆被害の影響を踏まえた上での事業計画見直しが行われるまで出資は凍結するという方針の撤回に難色を示した他、日本輸出入銀行も1981年2月に金利棚上げは困難との回答を正式に ICDC に通達した。これを受けて ICDC はこれ以上のイランへの資金投入は民間企業の負担能力の限界を超えるとの判断を下し＊40、1981年4月以降、ICDC より IJPC に対する一切の送金を停止することを決定した。そしてイラン側が今後の資金負担を行い、イランにおける戦争状態が終了したと確認できれば、工事は再開するとの方針を固めた（IJPC プロジェクト史 1993:156-158）。実際、当時の三井物産社内においても、複数回の空爆が行われる中で、既に同プロジェクトの経済性回復は見込めず、政府支援が無い限り、民間企業としては撤退しか無いという方向性で一致しており、同方針は民間5社の間で共有されていた。またエネルギー安全保障に対する政府の考えは認識するものの、あくまで民間企業として経済性の観点で判断をしていた＊41。

　送金停止方針を踏まえ ICDC は6月末の相談役会において、日本とイランで出資比率を50%対50%にするという従来からの基本方針に基づいてプロジェクトを継続することはもはや不可能であるとし、B/A の改定交渉を行う方針を決め、7月末より NPC との間で改定交渉を開始した。イラン側の追加資金負担という条件は絶対に譲れないが、それさえ解決すれば全面協力を惜しまないという日本側の姿勢と、国家事業として戦時下であってもプラントを完成させたいとするイラン側の事情を摺り合わせる形で、合計8回、1981年7月〜83年7月までの2年間の交渉が行われ、「イラン側が今後一切の資金負担をする」「日本側は現況下（under prevailing conditions）での工事再開に同意し、コンプレックス完成と運転のためにできるだけの協力をする」点を基本方針とする補完協定（Supplementary Agreement, S/A）が1983年7月に締結された（IJPC プロジェクト史 1993:159-168）。

　同 S/A 締結直後の8月には、安倍晋太郎外相がイラン、イラク両国を相

次いで訪問し、停戦を要請したが、イラクはイラン側がイラクを攻撃する以上、イランにある日本関連施設を攻撃から除外することはできないと回答した＊42。それでも1981年10月の第6次空爆を最後にイラク軍によるIJPC攻撃は行われず、1984年1月には、工事再開に先立つ技術調査を行うにあたり、ICDC親会社幹部がサイト入りを果たした（IJPCプロジェクト史 1993:168）。

　以上のようにイラン側とのプロジェクト遂行に関する協議はイラン・イラク戦争開始後も基本的には民間のICDCが前面に立って行われ、政府は側面支援に留まっていた。このことは外交文書からも見て取れる。1981年7月にB/A改定交渉が開始された直後の同年9月に開催された外務省内会議においてはIJPCに関して以下見解が示されている＊43。

　　「IJPCからの撤退リスクは少ない。一方的撤退による対イラン輸出・対日原油供給・本邦企業に関する他合併事業に対する悪影響に関しては、冷静に考えるとIJPCはイランにおいて必ずしも国民的プロジェクトではないため、短期的・限定的な影響に止まる。日・イラン関係を全て基本的には民間プロジェクトであるIJPCに頼ることはできず、関係悪化は止むをえないものとして受け入れ、その極小化に努力し、将来イラン情勢が安定化した段階で建設的な対イラン協力を考えるべき。」

　　「IJPC撤退が他の湾岸諸国の我が国の経済協力に対する信頼を喪失させることは、湾岸においてイランが孤立しており、またどうみてもfeasibilityの無い事業であるからして、起こりえない。またイランをソ連に押しやると言った可能性については、実態の無い議論である。」

　　「過去の政府出資には外務省も同意した経緯があることから、IJPCをこれまで政府が支援してきたことの責任を国内的に外務省が押し付けられることのないよう留意する必要がある。当面外務省としては、

　IJPC 事業の継続に伴う困難は認めるが、三井は日・イ双方が納得する形で本問題を解決するよう最大限の努力を行うべきであるとのラインで答える。」

　上記記載からは、外務省としては、外交的影響も踏まえた上で、IJPCに関するイランとの協議は民間の観点で進めるべきものであるが、外交・安全保障の観点までも民間事業に背負わせるのは酷であるとの考えが示されている。一方で、政府出資をしていることから、経済性のみで判断する純粋な「民間主導の形」にはなりえない点も理解しており、民間に対してもプロジェクト継続に向けて最大限の努力を図るよう求めていたことも分かる。
　ここには、当時の通産省の意向に対する外務省としての配慮も見られる。通産省は、従来からのエネルギー安全保障の重要性の観点に加え[44]、撤退となった場合の民間に対する貿易保険支払の問題もあり、できる限り撤退を遅らせて状況改善を待ち、工事を再開させたいとの意向を持っていた。そのため、民間の ICDC 首脳陣に対しても「西側諸国とイランをつなぐ唯一の懸橋が IJPC である」としてプロジェクト継続を主張していた（美里1981:260-262）。
　実際、1981年11月の外務省より在イラン大使に宛てた電信には、村田良平中近東アフリカ局長の通産省に関する以下見解が示されている[45]。同見解は翌12月の省内決済書にも記載があり、外務省内で広く共有されていた。

　　「（宇賀道郎通産省経済協力部長からの当省に対するイラン情勢分析要請に関して）同要請は通産省として通産省にとっての大問題である保険問題措置に時間を稼ぐために、外務省の現地情勢判断を理由に通産省の直接的責任のない形で、三井グループに対する指導説得を図るなどのためにこの要請を行ってきたと勘繰られない点もなくはなく、それだけに当省としては慎重に対応する必要があると考えている次第。」

この時点（1981年9〜11月）における状況を確認すると、その時までに IJPC に対するイラク軍の空爆は計5回を数えていたが、1980年10月の5度目の攻撃を受けて工事は中断され、前述の通り翌3月には ICDC が IJPC への送金停止、6月には B/A 改定交渉方針を決定し、民間主導の交渉が軌道に乗り始めていた。また国際的にも1981年1月にテヘラン米国大使館人質事件が解決していた*46。一方で、1984年から再び空爆が激化した後も、外務省はイランからの工事継続要請に対しては民間プロジェクトである点を強調し、同要請をかわしていた。そして、外務大臣を通じてイラン・イラク両国に攻撃停止を呼びかけて間接的に IJPC プロジェクト遂行を支援する形をとった。一連の外務省の行動からは、外交交渉並びに省庁間、省庁・民間間での衝突を避けるべく、「民間主導の形」を効果的に利用しようとする姿勢が見て取れる*47。通産省も外務省同様、イラン側からの工事再開依頼に対しては、私企業の問題には介入できないとの立場で要求をかわしていた*48。

　また民間側にとっても、「三井物産が撤退でなく積極推進論をとってきたのは通産省の意向に対する配慮もあった」にせよ、「三井物産も通産省から保険金を受領できないと撤退によって大幅な損失となる」*49のであり、早急な撤退は経済性の観点に基づいて難しかったことから、イラン側からの工事再開要求を「民間主導の形」を強調する形で経済性に基づきかわすことは戦略的な理に適っていた面もあった。

　結局、大蔵省として工事再開及びプロジェクトの経済性が分からない状況下では3回目以降の海外経済協力基金経由の出資を凍結する方針を堅持し、日本輸出入銀行は民間が要請する金利棚上げについて、返済が延びるだけで建設費増加の要因となるとして拒否したこともあり*50、ICDC は民間企業の資金負担の限界を超えるとして IJPC に対する一切の資金送金を停止することになった。そしてイラン側が今後一切の資金負担を行うことを強く求め、この点を含めた S/A 調印を実現した。

　以上を総括すると、民間側は B/A 破棄に伴う訴訟・外交問題リスク（撤退には"totally impossibility"の実証が必要*51）がある中で、通産省からの保険金支払の見込みが無い状況では大幅な損失を被ることになり撤退決断

62

は困難である一方で、空爆の激化によって喫緊の人命リスクを有していた。対して通産省は保険金の支払の要否を判断するためにはしばらく戦況を見守りたいとの選好を持っていたため、民間・通産省間で、撤退せずに工事を中断・避難した上で「民間主導の形」を前面に出してイランからの工事再開要求をかわしていくという戦略が合意された。更に、この合意を他の関係省庁（外務省・大蔵省）も是認していた。つまり、工事再開要求を強めるイランに対する説明の観点でも、引き続き「民間主導の形」が継続されたことが分かる。

その後の状況としては、1981年10月を最後にイラク軍によるサイト攻撃は行われず、1984年1月には工事再開に先立つ技術調査を行うにあたってICDC 親会社幹部がサイト入りを果たし、事態は改善するかに思われた。しかし、その直後の2月にイラク軍による7回目、8回目のサイト空爆が行われ、工事再開に向けた動きは再び中断した。4月には前年8月の安倍晋太郎外相の訪イランの返礼という形でイランのヴェラヤティ外相が来日したが、イラン側が S/A における「ICDC は現況下（under prevailing conditions）での工事再開に同意する」との条項を持ち出して早期の工事再開を求めたのに対して、日本側は同じく S/A における「人命の尊重と安全確保が最重要である」との合意を持ち出して抵抗した（IJPC プロジェクト史 1993:141-142）。結局、安全性に留意しつつ、同プロジェクト完成に向け努力していく必要があるとの認識で両者は一致した*52。

尚、同会談後の記者会見に関する外相用メモには、想定問答案として、日本がイラン原油を大量に輸入していること及び IJPC 等でイランに協力していることに対し、アラブ側から批判が強まっていることに関する質問に対しては、「かかる事実は承知しているが、これは多分に誤解に基づくものであると思う。我が国とイランとの経済交流は民間ベースのものであり、原則として政府の関与すべき問題ではない。」との回答案が用意されていた*53。ここからも、IJPC プロジェクトは民間ベースである点を強調することで、批判をかわそうとする外務省の姿勢が見て取れる。

IJPC の工事中断に関しては、1984年6月にイラン・イラク両国がデ・クエヤル国連事務総長の都市攻撃中止勧告を受諾したため、同月下旬に、

日本人工事関係者は再びサイト入りし、作業を再開した。更に資金手当に関しても金融機関が ICDC ローンの返済期限の延長を認めたことで改善が進んだ。一方で S/A はいまだイラン国会の承認を得ておらず、「イラン側の全額資金負担」が最終確認されていない段階で工事を再開することに若干の懸念もあった（IJPC プロジェクト史 1993:171-172）。

　こうした中、イラクは1984年9月に9回目、10回目となるサイト空爆を事前通告無しで行った。イラン側はこの空爆にもかかわらず、早期の作業再開を求めたが、ICDC は S/A において人命の尊重と安全確保が最重要事項であると合意されていることを盾に、安全性が確保されるまではサイトへの立ち入りはできないとの立場を堅持し、反対にイラン側に S/A の早期批准を求めた（IJPC プロジェクト史 1993:173-176）。

　この時期の外交記録には、空爆からの安全確保の観点から、ICDC と海外の邦人保護に責任を有する外務省（及び駐イラン大使）との間で行われた電報が数多く含まれている。ICDC 側は迅速な日本人関係者引き揚げのため、「NPC との親会社同士の話し合いで当分の行動は決定する」旨、外務省中近東第二課に許可を依頼したのに対し、外務省側もこれを許可し、更に現地大使に対して引き揚げに際して安全が確保されるべくイラン側に働きかけるよう指示している＊54。一方で、ICDC が S/A の関連事項に基づき当該引き揚げの正統性の判断を外務省に求めてきた場合、外務省は「S/A は基本的に ICDC と NPC 間の民事契約であるから、その解釈に立ち入ることは差し控える」としつつ、「人道的見地から引き揚げには異論無し」と回答する方針を決めていた＊55。

　また野村豊駐イラン大使は NPC との面談において「今回、これら日本人技術者を日本に引き揚げるとしても、三井としては本プロジェクトを S/A に基づき今後とも推進する意思であることには変わりはないと思う。従って長期的に見れば、今回技術者が引き揚げてもその方がプロジェクトの完成に役立つと思う」と述べており＊56、従来の通り、通産省の基本的立場への配慮も見せている。

　以上のように1980年のイラン・イラク戦争の勃発以降も、基本的に日本側は状況改善を見ながら工事再開を目指す方針を持っていた。しかし、米

国からの批判をかわすことに加えて、イラク軍による IJPC サイト周辺の空爆が激しさを増す中で、日本としてイラン側からの早急な工事再開要求をかわして安全が確保されたタイミングで工事再開を進めていく上でも、「民間主導の形」をイラン側にも強調しながら協議を進めていった。つまり本節の段階においても前節同様、独立変数である「軍事的・エネルギー安全保障間のジレンマ」が強い状況下、対米・対イラン双方の協議において、従属変数である「民間主導の形」が強調されていた。

第6節　工事再開断念と日本のジレンマ解消

　1985年に入ると戦争は更に激しさを増した。それどころか、4月にはイラン国会で S/A が否決された。イラン側は「イラン側による今後の資金負担」を求める S/A が否決された以上、日本側は従来の B/A に従って資金負担を行い工事を再開させるべきと主張するも、ICDC は S/A の前提が守られない以上、工事再開は行わない方針を堅持し、以降、事業の続行は事実上困難との認識の下、1989年5月まで続く17回にも及ぶ合弁事業解消に向けた交渉を開始することになる。その間、ICDC は1987年8月に海外投資保険約款に基づき「危険発生通知書」を通産省に提出している（IJPCプロジェクト史　1993:177-190）。

　つまり、イラン・イラク戦争が長期化し、一向に収束が見られない中、日本の民間側の ICDC は状況改善を見ながら工事再開を目指すという方針を断念し、政府からの貿易保険を得た上での撤退を目指すようになった。民間側としても貿易保険による補填無しでは多額の撤退費用は負担しきれないとの思いは強く、状況改善を見守りたいとしてきた通産省側に対する要請を強め、民間側はついに海外投資保険約款に基づき、「危険発生通知書」を通産省側に提出し、正式に貿易保険を申請するに至ったのである。尚、通産省は同通知書を受領した時点においては、「保険の請求期限の延長のために事務的にとった手続きである」と述べる一方で、「現場調査の結果やイランの意向によって判断する」として事業継続に必ずしも固執していないことも示唆するようになっていた*57。この状況においては、も

はや日本として米国に対してイランにおける事業継続を求める必要は無くなり、独立変数である「軍事的・エネルギー安全保障間のジレンマ」は生じ得なかった。そして当然ながら、従属変数である「民間主導の形」を強調して米国側の理解を得るという行為自体も不要となっていた。つまり本節においては、独立変数である「軍事的・エネルギー安全保障間のジレンマ」も、従属変数である「民間主導の形」も発生せず、政府と民間が連携して、IJPC 事業からの撤退を目指していった。

　このように日本側として撤退方針は固まったものの、最後の難関がイラン側の理解であった。イラン側は引き続き戦争状況下においても早期に工事再開を行うよう求めてきたが、1988年8月にイラン・イラク戦争が終結し、更に翌1989年7月にイランにおいて改革派のラフサンジャニ大統領が選出されるに至り、ようやくイラン側との IJPC の合弁事業解消に向けた動きも加速するようになる。同年10月、日本からイランへの清算金1,300億円の支払を含む「合弁事業解消合意書（Deed of Separation）」が締結され、翌1990年2月に清算諸手続きが完了することになった。そして既に民間から通産省に対して申請していた貿易保険に関しても、金額面での協議が行われていたが、1991年7月に通産省より ICDC に対して保険金777億円が支払われた（IJPC プロジェクト史　1993:192-218）。

　つまり本節の時点では、イラン・イラク戦争が長期化する中で、日本の民間側は状況改善を見ながら工事再開を目指すという方針を断念し、政府からの貿易保険を得た上での撤退を目指すようになっていた。この状況下では、日本として米国に対してイランにおける事業継続に対する理解を求める必要は無くなり、独立変数である「軍事的・エネルギー安全保障間のジレンマ」は生じ得ない。当然ながら、従属変数である「民間主導の形」を強調して米国側の理解を得るという行為自体も不要となったと言える。

　尚、当初の民間側の通産省に対する求償金額は930億円であり、複数回の協議を経て777億円という金額に決められた。更には同年12月に ICDC の清算結了登記も完了し、ここに20年余に及ぶ日本の IJPC プロジェクトへの関与は終了した＊58。尚、IJPC プロジェクト自体は、その後「バンダル・イマーム石油化学＝BIPC」と名称を変えてイラン側のみで工事が継

続され、1994年に正式稼働するに至っている＊59。

第7節　分析結果

　それでは本章におけるイラン IJPC プロジェクトの過程追跡を改めて独立変数である「軍事的・エネルギー安全保障間のジレンマ」と従属変数である「民間主導の形」の変化に注意しながら整理する。

　まず1960年代後半から始まる参画協議の際のイランは親米パフラヴィー政権であり、日本にとって対米関係上、独立変数である「軍事的・エネルギー安全保障間のジレンマ」は無かった。こうした中で、日本政府主導で訪イラン経済使節団が形成され、民間企業のトップが派遣されるなど、政府・企業が一体となって積極的に協議に関与する形で、1973年の日本企業の参画に至った。つまりこの時点では、当然ながら米国から日本に対する圧力も発生せず、従属変数である「民間主導の形」が強調されることなく、明確に官民連携の形がとられた。

　その後、1979年2月にイラン・イスラム革命が発生するが、日本政府は逸早く革命政府を承認し、イラン革命政府からも IJPC プロジェクトは国有化しないとの明言を取り付けるなど、日本政府の積極的関与が継続された。更に、日本の民間当事者は先行き不透明さから日本政府による出資を要請し、同年9月に政府出資が決定した。この時期の米国とイランの関係は悪化の途上にはあったが、米国よりイランに対して制裁や断交は行われておらず、日本の IJPC 関与に対する懸念表明もされていなかった。つまり、イラン・イスラム革命直後の混乱期においても、引き続き日本にとって独立変数である「軍事的・エネルギー安全保障間のジレンマ」は強まっておらず、従属変数である「民間主導の形」が強調されることもなかった。

　しかしながら、11月にテヘラン米国大使館人質事件が発生すると、米国・イランの関係悪化は決定的となり、翌1980年4月にはついに米国・イラン間が断交し、米国による対イラン制裁の発動及び同盟国に対する同調要請が行われることになった。これにより、日本にとっても IJPC 事業に関

与して以降、最も「軍事的・エネルギー安全保障間のジレンマ」が強まることになった。こうした中で、日本は対米説明・釈明には政府が「民間主導の形」を戦略的に活用・強調すると共に、対イラン説明でも民間企業である ICDC がイラン国営石油との間で経済性に基づく「民間主導の形」である点を前面に出して工事再開協議を進めている。つまり、テヘラン米国大使館人質事件の発生以降、日本にとって独立変数である「軍事的・エネルギー安全保障間のジレンマ」は強まり、従属変数である「民間主導の形」も強調されるようになった。

　そしてその後、1980年9月末よりイラン・イラク戦争が勃発すると、日本として人命を最優先として、日本人技術者の引き揚げが行われた。その後も、一時的に空爆が沈静化すると工事再開を目指してサイト入りを行うが、直後に空爆が行われると、工事再開に向けた動きは再び中断するなど、一進一退の状況が続いた。このように、イラン・イラク戦争の勃発以降も、基本的に日本側は状況改善を見ながら工事再開を目指す方針を持っており、米国からの批判をかわすことに加えて、イランからの早急な工事再開要求をかわして、安全が確保されたタイミングで工事再開を進めるためにも、「民間主導の形」を強調しながら協議を進めていった。つまり引き続き独立変数である「軍事的・エネルギー安全保障間のジレンマ」が強い状況下、従属変数である「民間主導の形」も対米・対イラン双方の協議において強調されていた。

　その後も、イラン・イラク戦争は長期化の様相を見せ、こうした状況下、日本の民間側は状況改善を見ながら工事再開を目指すという方針を断念し、政府からの貿易保険を得た上での撤退を目指すようになっていた。この状況下では、日本として米国に対してイランにおける事業継続を求める必要は無くなり、独立変数である「軍事的・エネルギー安全保障間のジレンマ」は生じ得ない。当然ながら、従属変数である「民間主導の形」を強調して米国側の理解を得るという行為自体も不要となった。

　このように、イラン・IJPC プロジェクトにおいては、独立変数である「軍事的・エネルギー安全保障間のジレンマ」が参画当初の弱かった状況から、テヘラン米国大使館人質事件を契機に強まることになり、その後の

イラン・イラク戦争勃発後も強い状況が続いたが、戦争が長期化する中で、日本企業として撤退止むなしの判断をして以降は、同ジレンマも無くなった。これに応じる形で、従属変数である「民間主導の形」についても、参画当初の民間主導ではない官民連携の形から、徐々に「民間主導の形」が戦略的に強調されるようになり、最終的に撤退方針が決定する中で、再び官民連携の形での撤退が目指されることになった。

　本章における分析結果をまとめると表2-1のようになる。

表2-1　イラン・IJPCプロジェクトにおける変数の変化

	軍事的・エネルギー安全保障間のジレンマ（独立変数）	民間主導の形（従属変数）
参画時	弱	弱
イラン革命発生	弱	弱
テヘラン米国大使館人質事件発生	強	強
イラン・イラク戦争勃発	強	強
イラン・イラク戦争長期化（日本の撤退方針決定）	弱	弱

第３章

事例分析②
日本とソ連・サハリン天然ガスプロジェクト

第１節　事例の特徴

　本章ではサハリン天然ガスプロジェクトにおける日本の政府と企業の関係の変化に関して、前章同様、独立変数である「軍事的・エネルギー安全保障間のジレンマ」と従属変数である「民間主導の形」の変化に着目して過程追跡を行う。

　本事例においても、1960年代後半の参画協議開始時は、米ソ間でデタントが開始された時期と重なり、日本にとってソ連と協議を進める上で、対米関係との間のジレンマは緩和されつつあった。こうした状況下、官民双方が参加する日ソ経済委員会合同会議を通じて参画協議は進められた。つまり、独立変数である「軍事的・エネルギー安全保障間のジレンマ」が弱く、従属変数である「民間主導の形」も弱かった。

　その後、1973年10月に第一次石油危機が生じると、同月に田中角栄首相がソ連を公式訪問して天然ガスプロジェクトに関する協議も加速、翌1974年4月に大筋合意し、1975年1月に日ソ企業間で基本条約が締結された。日本側主体はサハリン石油開発協力株式会社（通称 SODECO）であり、通産省傘下の石油公団が50％を出資し、石油資源開発（通産省と企業が出資）、海外石油開発（電力・ガス・商社・銀行等の企業連合）がそれぞれ約10％、残りを伊藤忠商事や丸紅といった商社・エネルギー企業が出資する半官半民の組織であった。加えて SODECO の最大の特徴が、民間企業の1社として米国メジャーであるガルフオイルが約5％出資していたことである。その SODECO が全体の30％に出資、残り70％はソ連の国営企業が出資する構成となった。更に1976年5月には、日ソ両国政府が本プロジェクトに関して交換公文に署名している。ここからも、参画時には、日本にとって

独立変数である「軍事的・エネルギー安全保障間のジレンマ」は弱く、従属変数である「民間主導の形」も弱く、日本政府も前面に立った交渉がなされたことが分かる。

　一方で、1979年12月にソ連がアフガニスタンを侵攻すると、米ソ・デタントが崩壊、米国カーター政権は翌1980年1月に対ソ経済制裁を発動し、対ソ輸出規制の厳格化を実行した。サハリン天然ガスプロジェクトに関しても、掘削用の米国製機材の輸出許可取得に一定程度の遅れが生じた。更にその後も1981年11月にソ連がポーランドにおける労働組合弾圧のための戒厳令を支持すると、米国レーガン政権は、対ソ制裁を更に強め、石油・ガス開発向けの掘削・輸送機材の禁輸措置を発表した。こうした一連の米国による対ソ制裁により、日本にとっても「軍事的・エネルギー安全保障間のジレンマ」は強まるが、IJPC の事例と異なるのは、日本は欧州と連携して政府主導で米国に対して「ソ連との既存契約に対する制裁免除」を要請し、1982年11月に同制裁の解除を取り付けることに成功したことである。こうして「軍事的・エネルギー安全保障間のジレンマ」も緩和された状況下、従属変数である「民間主導の形」も強調されることはなかった。

　しかしながらその後、米国からは日米貿易不均衡の観点から、レーガン政権より日本の中曽根康弘政権に対して、アラスカ LNG プロジェクトをソ連・天然ガスプロジェクトよりも優先するよう圧力がかかるようになる。こうした状況下、日本は、民間の経済性を盾に米国からの批判をかわす戦略をとるようになった。つまり、この段階になり、日本はイランの IJPC プロジェクト同様に、対米説明において民間ビジネスの基本である経済性という点を強調するようになった。

　一方で、国際原油市場においては、日本を含む消費国における脱石油・省エネ政策の推進や、原油価格高騰に伴う北海油田やメキシコ湾油田等、非 OPEC による石油生産の増加によって、徐々に石油需要に対して供給が上回るようになっていく。そして原油価格を維持するために自国のシェアを犠牲にする形で大幅な減産を行う「調整役」を担ってきたサウジアラビアは、その財政負担に耐えきれなくなり、1985年12月に調整役の放棄を宣言するに至った。サウジアラビアが翌1986年明けに大幅な石油増産に転

じると、原油価格は約30ドル／バレルから約15ドル／バレルに急落した。このいわゆる「逆オイルショック」による原油価格の下落が起こると、ソ連・天然ガスプロジェクトも経済性確保が難しくなり、プロジェクトは一旦凍結された。この状況下においては、日本として米国に対してソ連の天然ガスプロジェクト遂行のための理解を求める必要は無くなり、「軍事的・エネルギー安全保障間のジレンマ」は緩和された。その結果、「民間主導の形」を対米説明において強調する必要性も無くなった。

　しかしながら、その後、1990年8月にイラクがクウェートに侵攻し、中東地域が不安定化すると、再び原油価格は上昇し、ソ連とのプロジェクトの協議も再開された。当時は1989年12月のマルタ会談にて米ソ首脳による冷戦の終結も宣言されており、日本としてソ連における天然ガスプロジェクトの推進の上で対米関係との間のジレンマは急速に緩和していた。こうした中、日本は「民間主導の形」を強調するのではなく、官民が連携する形でソ連、そしてソ連崩壊後はロシアとの間で協議を進展させた。そしてガルフオイルは撤退したものの、同じく石油メジャーの一員である米国エクソンを新たに招致する形で、2000年代よりプロジェクトの生産を開始するに至った*60。

　このようにサハリン天然ガスの事例においても、IJPC 同様、参画時は独立変数・従属変数共に「弱」であるが、その後、米国より日本に対して圧力がかかる中で、独立変数・従属変数共に「強」になり、更にその後の冷戦終結により、独立変数・従属変数共に「弱」となっていった。次節以降では、外交文書等に基づき詳細について過程追跡していく*61。

第2節　米ソ・デタントとソ連との参画協議

　第二次世界大戦後、日本は GHQ 統治下におかれた。GHQ は連合国機関の形をとっていたものの、実質的に米国・英国主体で構成されており、朝鮮戦争による東西冷戦の激化の中で、日ソ間の外交関係は極めて限定されていた。また1951年9月のサンフランシスコ講和条約により日本は主権を回復するも、ソ連は署名しなかった。

経済においても、1948年に日ソ間の民間貿易協定が結ばれたものの、19
49年までは商工省の外局としての貿易庁が **GHQ** 統治により貿易を一元管
理しており、それ以降も外国為替及び外国貿易管理法による民間貿易の管
理は続き、日ソ間の経済関係も限定的であった。

　その後、1956年10月の日ソ共同宣言により戦争状態の終結、外交関係の
回復がなされ、通商関係の交渉も始まると、同年12月には日ソ通商条約・
貿易支払協定が調印され、1958年より政府間協定に移行した。これにより、
日ソ間の官民双方の往訪が促進され、両国間の貿易は飛躍的に拡大した*62。

　その後、1960年の日米安全保障条約の延長に対するソ連による批判や、
1962年のキューバ危機によって、日ソ関係の進展も一時的に低迷したが、
キューバ危機収束以降は、米ソ間でも関係改善が進んでいき、1960年代末
からの米ソ・デタントに繋がっていく。これに伴い、日ソ間の関係も深化
していき、1965年6月には、日ソ両国の官民が経済協業を協議する場とし
て日ソ経済委員会合同会議の設置が合意され、数々の経済開発プロジェク
トが協議されていくことになる。同会議設立の背景には、地理的にも近い
ソ連からの資源調達を目指す日本と、日本の資本力や技術を活用して極東
地域の資源開発を進めたいソ連の思惑が合致したことがあった（杉本 2015
:27）。

　1966年3月に第1回合同会議が開催されると、シベリアの森林開発プロジ
ェクトと共に、サハリンの天然ガスプロジェクトも議題に上がり、日本側
は丸紅飯田・帝国石油を中心に興味を示した。実際には、その前年の10月
にソ連の駐日通商代表より丸紅飯田に対して提案が行われており、合同会
議の前までに丸紅飯田・帝国石油とソ連外国貿易省との間で交渉が進めら
れていた。計画では、サハリン島北部にて天然ガスを生産し、半分を液化
天然ガス（LNG）として日本に輸出し、半分はソ連国内にパイプラインで
輸送するというもので、事業に必要な資機材等は、長期延払条件で日本か
ら買い付け、ガスの輸出代金を以て支払に充てることが想定されていた。
第1回合同会議後も複数回にわたり日ソ間で協議が進められたが、ガス価
格、対日供給開始時期といった点で合意に至らず、事実上協議は頓挫し、
1967年の第2回合同会議では議題とされなかった（杉本 2015:28-29）。

　しかしながら、その後も日本側はソ連側に対し、サハリン天然ガスの開発に対する関心を示し、1968年の第3回の合同会議以降は、民間側の当事者や開発地区は変えながらも、サハリン天然ガスプロジェクトは議論されていくことになる（杉本 2015:29）。

　以上のように、ソ連の天然ガスプロジェクトは、1956年の日ソ共同宣言以降の日ソ関係の深化の中で、両国の官民が経済協業を協議する場である日ソ経済委員会合同会議の中で提案され、米ソ・デタントが進む中で、日ソ間の協議も進められていった。そのため、日本にとって独立変数である「軍事的・エネルギー安全保障間のジレンマ」も緩和されていき、その結果、従属変数である「民間主導の形」も強調されることはなかった。

第3節　第一次石油危機とソ連との参画合意

　1972年2月の第5回合同会議では、ソ連側より従来のサハリン陸域ではなくサハリン大陸棚の石油・天然ガス探査開発計画が提案された。この背景には、これまで開発しようとしてきたサハリン陸域のガス埋蔵量に対して疑義が生じたことがあった。同提案に対して日本側も改めて興味を示し、同年4月には財界のエネルギー分野の重鎮である安西浩（東京ガス会長）をトップとする探鉱委員会が設置され、11月より技術陣も含めてソ連側と正式交渉を開始した。更に翌1973年10月に第一次石油危機が生じると、同月に自主的な資源外交を掲げる田中角栄首相がソ連を公式訪問し、ブレジネフ書記長との会談でサハリン天然ガスプロジェクトに関しても協議を行い、1974年4月に大筋合意、1975年1月に日ソ企業間で基本条約（General Agreement, GA）が締結された（杉本 2015:30-35）。

　日本側主体は1974年10月に発足したサハリン石油開発協力株式会社（SODECO）であり、設立時は海外石油開発、石油資源開発、伊藤忠商事、丸紅の4社（商社2社が大株主）であったが、翌年の基本契約締結後に、セブン・シスターズの一角である米国ガルフオイルを含めた12社が加わった。ガルフオイルの参加は厳しい地質条件下の作業に先端技術の導入が必要と判断されたこと、また米国企業の存在で対ソ連ビジネスリスクの軽減を図

ることを目的として、ソ連側同意の下に日本企業より資本参加を求めたものであった。当時の米ソ関係は、1960年代後半より米国ニクソン大統領とソ連ブレジネフ書記長間で進められたデタント期にあり、冷戦下にあって米ソ間の緊張関係が一時的に緩和していた。更に1976年5月には日ソ両国政府が交換公文に署名し、サハリン天然ガスプロジェクトをナショナル・プロジェクトの位置づけとした（杉本 2015:33-35）。

　以上のように第一次石油危機発生から日本のサハリン天然ガスプロジェクトの参画に至る過程では、田中角栄首相主導のソ連との交渉を契機として、官民合同の SODECO を前面に出した協議が進められた。また SODECO の株主には、米ソ・デタントも進む中で、米国のガルフオイルの招聘にも成功していた。このように本節の段階では、日本にとって対米関係上の「軍事的・エネルギー安全保障間のジレンマ」は強まることはなく、日本政府も積極的にソ連との協議に参画しており、「民間主導の形」も弱かった。

　尚、上記の日ソ間の基本契約では、必要な資機材は日本側からの1億ドルにも上る融資で賄われることになっており、更に同融資は探査により十分な資源量が発見され、生産・供給に至る場合に限り償還されるものの、不成功の場合は、ソ連側の償還義務が免除されるという内容であった。そのため、金額・リスクとしても日本にとって非常に大きな資源開発プロジェクトであったと言える。そして1977年より探査が開始され、結果的に埋蔵量は当初期待の可採埋蔵量1億トンを上回る1.7億トンとされ、開発へと進むことになった（杉本 2015:37）。

第4節　米ソ・デタント崩壊と日本のジレンマ

　探査期間中（1977〜1983年）の1979年12月には、ソ連がアフガニスタンに侵攻し、米ソ・デタントが崩壊、米国カーター政権が1980年1月に経済制裁を発動し、欧州及び日本に対して同調を求めた。具体的には米国として対ソ輸出案件の承認に関する規定の見直しを行い、石油・ガス関連資機材に対して更なる厳格な輸出規制を行うことになった。サハリン天然ガス

プロジェクトにおける探鉱は日本の石油公団とソ連が保有する掘削機材で行われていたが、一部機材が米国製であったため、同機材の対ソ輸出に対して米国政府の承認に時間を要すことになった。結果として若干の遅れは生じたものの、同年6月末までに SODECO として必要な資機材の輸出承認を得ることに成功している。尚、西ドイツ、フランス、イタリアが中心となって進めていたシベリア天然ガスプロジェクトに対しても、同様にカーター政権は最終的に1980年10月に資機材輸出ライセンス許可を決定している（杉本 2015:38）。

　総じて1979年のソ連のアフガニスタン侵攻の際のカーター政権による対ソ制裁に関しては、対ソ輸出規制の厳格化に留まり、一定程度の遅延が発生した程度であった。これは後述するソ連のポーランド戒厳令支持に対するレーガン政権の対応と比べると、日本を含む西側諸国に対して比較的寛大な措置に留まっていたと言える。

　実際に、外務省外交文書においても、アフガニスタン侵攻の際の対応に関しては、「若干の遅れが生じたものの」という簡単な記載があるのみであり、日本政府として米国に対して制裁解除要請といった強い働きかけを行ったといった記載は見られない[63]。

　その後、米国では民主党カーター大統領が1期で交代、1981年に共和党レーガン大統領が就任、政権交代となった。米ソの緊張関係は深刻化の一途を辿り、1981年12月にソ連がポーランドにおける労働組合弾圧のための戒厳令を支持したことを受け、レーガン政権は対ソ制裁を更に強めた。具体的には、カーター政権が1980年10月に許可したソ連向け資機材輸出ライセンスを撤回し、米国企業が製造する機材及び米国ライセンスで製造する機材の取引を停止させた（杉本 2015:38）。

　これに対して日本の鈴木善幸政権は、「総理・大統領会談、大統領あて総理親書等あらゆる方途、機会をとらえて」プロジェクトへの制裁措置の除外要請を重ねた。具体的には、日本は米国に対して「対ソ連の観点では新規契約の凍結という形で制裁に協力する用意はあるが、既存契約に影響を及ぼす形での制裁は困難が生じる」旨を訴えた。鈴木政権時代は、鈴木首相や園田直外相の日米同盟に対する見直し発言により日米関係は著しく

悪化していたこともあり、こうした訴えも効果は小さく、むしろレーガン政権は1982年6月には、制裁対象を海外にある米国企業の子会社の生産する機材及び米国企業とのライセンス契約に基づき海外で生産される機材も対象に含めるよう拡大し、ソ連の天然ガスプロジェクトも例外を認めず、対ソ輸出を認めない旨を再度明確に通報してきた。これにより、サハリン天然ガスプロジェクトにおいて1982年に予定していた掘削機材の稼働は不可能となった*64。

　一方で、こうした米国の対ソ制裁措置の拡大に対して、日本を含めた西側諸国より懸念の声が高まり、1982年10〜11月にかけて西側7カ国の大使会議を行うに至った。同会議では、「ソ連の軍事的・戦略的利益に貢献し、また極度に軍事化されたソ連経済を優先的に助けるような貿易は行わない」ことで合意した上で、石油・ガスに関しては、「関連する高度技術製品の貿易には優先的に注意を払い」「ソ連からのエネルギー輸入への依存問題と共に、西側の代替エネルギーについて早急に研究を行うこと」「ソ連の天然ガスを購入するためのいかなる新規契約も署名されず、また承認されない」ことが確認された。その結果、11月中旬にレーガン大統領は演説を行い、石油・ガス関連措置の制裁解除を発表し、ソ連への輸出ライセンス申請の処理も再開された*65。

　尚、日本政府は米国に対して、欧州と連携する立場を表明する一方で、サハリンプロジェクトが完遂しても天然ガスの対ソ依存は極めて僅かであり欧州諸国と事情が異なる点に関しても指摘をしていた*66。この際も対米協議は日本政府、具体的には安倍晋太郎通産大臣経由で行われ、民間企業が前面に出ることはなかった。

　一方で、日本政府として米国に対して制裁除外を求める際には「既存契約」である点を根拠として訴えており、政府・企業による契約合意の重要性を強調していることも分かる。

　以上のように、本節の段階では、ソ連のアフガニスタン侵攻及びポーランド戒厳令に対する支持に伴う米国による対ソ制裁強化を受けて、日本にとって独立変数である「軍事的・エネルギー安全保障間のジレンマ」は強まったが、カーター政権下の対ソ制裁に関しては必要な資機材の輸出が不

可能になることはなく、またレーガン政権下の対ソ制裁に関しても、欧州と連携することで制裁解除を引き出すことができたことから、当該ジレンマを低下させることができた。こうした状況下、従属変数である「民間主導の形」は大きく強調されることはなかったものの、「既存契約」である点は米国に対して訴えられていた。

第5節　アラスカLNGプロジェクトと日本のジレンマ

　前節での記載の通り、1982年11月中旬に米国レーガン政権は西ドイツや日本から要請されていた対ソ禁輸措置の解除を実行した。同背景には、ソ連との新規契約は行わない代わりに、ソ連との既存契約に関しては、エネルギー安全保障上破棄するのは難しいとの欧州及び日本からの訴えに対して、米国としてもこれ以上応じないことは、西側陣営の経済力低下のみならず、結束低下に結びつきかねないと判断したためであった。

　そして日本では、同月下旬に鈴木善幸から中曽根康弘に首相が交代、中曽根首相は鈴木政権時代に首相や外相の日米同盟見直し発言等により悪化していた日米関係の立て直しを外交上の最優先課題とした。そして翌1983年1月に訪米し、レーガン大統領と面談、日米安全保障体制の立て直しを図り、以降、レーガン大統領との個人的な蜜月関係も深化させ、過去最高とも言われる日米関係を築くことになる。

　こうした対米関係重視の姿勢から中曽根首相自身は、ソ連のサハリン開発にも慎重な姿勢であった＊67。一方で、中曽根首相は1973年の第一次石油危機が生じた際の田中角栄内閣の通産大臣として、エネルギー安全保障の観点から親アラブ方針の表明を田中首相に促し、二階堂声明を出させるなど、政治がエネルギー安全保障に関与することに対しては積極的な姿勢を重視してきた（服部 2015:140-141）。そしてソ連のサハリン開発に対しても、企業に一任させるというよりは、政府として戦略的な対応を検討していた。

　例えば、1984年12月にソ連のスシコフ外国貿易省次官が来日し、安倍外務大臣と会談した際、ソ連側より日本の企業によるサハリンの天然ガスの

引取を促進するよう日本政府として働きかけをするよう要請があった。その際、安倍外相は「政府は介入できない」と政府による経済活動への不介入を明確化しているが＊68、外務省資料を見ると、日本政府が決して「民間放任」を意図していた訳ではなく、ソ連側に対して戦略的に「民間主導の形」を強調した説明をしたことが分かってくる。

　具体的には、前述の安倍外相とソ連のスシコフ外国貿易省次官との間の面談の直前にまとめられた外務省資料において、「サハリン・プロジェクトに対する我が方基本的考え方」として、エネルギー安全保障の上で対ソ依存度を過度に高めることは問題であるが、一方でサハリン天然ガスプロジェクトに関しては日本の全一次エネルギーに占める割合が1％以下であり問題ではないこと、更に重要な点として、これまでの経緯として、日本政府として探鉱段階から開発段階に至るまで円滑な実施を促進するとしてきており、1976年には日ソ政府間で交換公文が締結され、「準ナショナル・プロジェクト」となっていること等が外務省理解として記載されている＊69。

　同資料では、それまでの日ソ間の天然ガスプロジェクトの協議の経緯に関しても、「民間主導の形」ではなく、「官民連携の形」であった点が記載されている。具体的には、「本プロジェクトのソ連側当事者がソ連政府自身であることに鑑み、多額の資金を投入し、長期にわたる本件契約が、我が方当事者にとって円滑かつ適時に実施されるためには、我が国政府がその後ろ盾となり民間企業の立場を支持しているとの姿勢をソ連側に対し明示する必要があるとの当時の政府の判断があった」としつつ、牽制的な意味も込めて、日本が当該交換公文締結によって負う義務に関しては、「契約の円滑かつ適時の実施を促進することにあるが、政府として新たな法律・財政事項を伴う義務を課すものではない」「あくまで国内法令に基づく行政権限の範囲内で政府が民間ベースの同種案件に通常講ずるであろう範囲の措置をとることを意味しているにすぎない」としている。それでも「これを根底から覆すごとき事態を避けるべきことは成熟した国家に当然の義務であろう」として、多額の公的信用供与を行った当時の判断の背景を整理しており、外務省としてもサハリン天然ガスプロジェクトは「官民連携の形」で進められてきたと認識していた点が明らかになっている。

　こうした外務省認識を踏まえると、前述の安倍外相のソ連外相に対する「政府不介入」の発言は戦略的に強調されたものであり、決して「民間放任」ではなかったと理解できるのである。

　また対米関係の点では、米国政府よりソ連の天然ガスプロジェクトよりもアラスカ LNG プロジェクトを優先するよう要請があり、日本として難しい対応が迫られていた。これに対しても、日本政府は、民間の経済性を尊重するとして「民間主導の形」を強調し、更に政府間交換公文の重要性も指摘することで対米説明・釈明をしようと苦慮していた。

　具体的には、1984年の中曽根首相訪米に向けた外務省内の想定質疑の内容を見ると、「アラスカの犠牲においてサハリンを買うことはないと考えてよいか」との米国からの想定質疑に対する想定回答として、「サハリン・プロジェクトは既に10年前に基本契約が結ばれ、政府間交換公文によりその促進を約している既契約プロジェクト。アラスカは、ノーススロープにしても新規クックインレットにしても成熟度においてサハリンと相違。従って両者を関連させて議論することは筋が違っており、「犠牲」という言葉は不適当。LNG 取引はあくまでも経済性を考慮した民間の商業ベースの判断を尊重しつつ実施することが基本。政府としては、共同政策表明の趣旨に従い、アラスカ天然ガス・プレ F/S の進行状況を注意深く見守っていく所存」という記載がある*70。また、翌1985年3月の第5回日米エネルギー作業部会において外務省の手島審議官は、「サハリン・プロジェクトについては、政府間交換公文によりその促進を約している既契約プロジェクトであり、我が国としてはかかる約束を尊重することが国際信義上不可欠である」と述べている*71。このように対ソ連だけでなく対米上の説明においても、「民間主導の形」「経済性重視」が戦略的に強調されていた。

　尚、このような戦略的な「民間主導の形」の強調は、ソ連の天然ガスプロジェクトだけでなく同時期の石炭に関しても同様であった。1984年の中曽根首相訪米の際の外交文書には、石炭に関して「米国炭の輸入拡大困難といいながら、ソ連炭の輸入拡大を行おうとしているのは遺憾ではないか」との米国からの想定質疑に対して、「ソ連炭については、1974年6月

に締結された南ヤクート炭開発輸入に関する一般協定に基づき、来年度より同開発炭の引き取りが開始されることになっている。この協定は、第一次石油危機により石炭価格が高騰し、米国原料炭の入手が全く困難な時期に石炭確保対策の一環として締結されたもの。契約遵守の観点からも引き取りはやむを得ない」との回答案が記載されており＊72、ここでもあくまで「経済性」に基づく判断であることを強調する方針がとられている。

　実際に、当時、日本は米国との間で共同政策表明として、米国炭の「輸入水準の維持努力」を宣言していたが、これに関しては、「特定の数値の維持を意味するものではなく、ある程度の幅の維持を意味しており、米国炭の価格レベル次第で割高であれば一定程度の減少は需給や経済性の観点で共同声明違反の問題にはなりえない」との立場もとっていた＊73。

　また上記の共同政策表明では、米国における炭鉱の共同開発に関しても謳われているが、これに対しても、あくまで日本政府の立場として「民間に対して価格競争力強化のための炭鉱の共同開発の可能性について米国と協議するよう呼びかける」ものであり、更に日本の民間企業の立場を代弁する形で「新規探鉱開発には莫大な投資が必要であり、価格競争力のある炭鉱が減産している需要状況では、新規投資に経済性は見いだせない」との米国向けの説明方針がとられていた＊74。ここからは政府と民間企業間で戦略的に「民間主導の形」を強調しようと合意していたことも示唆される。

　また前述の中曽根首相訪米資料には、日米貿易不均衡解消の観点からの米国炭の輸入拡大要請に対しても、「安定供給とコストのバランスを考える中で長期的観点から検討することが両国の利益に合致すると確信」との日本政府の方針に基づく回答案が記載されており、石炭に関しても一貫して「民間主導の形」「経済性重視」の観点が重視されていた。

　一方で、上記の通り「民間主導の形」「経済性重視」の観点で戦略的に対米協議を進めていた政府・外務省ではあるが、並行して民間に対する行政指導にあたっている通産省・資源エネルギー庁に対しては、対米関係の観点で慎重に進める必要がある点も申し入れを行っている。

　具体的には、1984年12月の外交文書において「日米エネルギー協力の観

点より生ずるサハリン LNG に対する対通産省申し入れ」との題名で以下記載があり、実際に東郷和彦外務省経済局国際エネルギー課長より清木克男資源エネルギー庁国際資源課長に対して申し入れが行われている。（下線は筆者による）

　サハリン LNG の本邦導入については、目下我が方民間とソ連間の交渉が進捗中のところであるが、本件の今後の進捗に対する米側の関心を考慮し、関係同類プロジェクト間の調整等微妙なハンドリングを要する点が多いことに鑑み、下記の諸点を当省の基本的考え方として、本件の我が方民間に対する行政指導に当たっている通産省に申し入れることとしたい。なお、右諸点のほかに、サハリン・プロジェクトについては、従来の日・ソ間の折衝の経緯及び今後の我が国対ソ政策上の位置づけへの考慮を併せ必要とすること論を俟たない。

1．サハリン・プロジェクトについては、「制裁」絡みでの一連の対米折衝を終えていることは事実なるも、米側は日米エネルギー協力の観点より、特に83年11月の日米共同政策表明以来新しい問題提起を行っている。

2．日米エネルギー協力の観点からは、アラスカ天然ガス・プロジェクトとの競合が最大の問題。アラスカ、サハリンの比較の問題としては、サハリン・プロジェクトの成熟度からみて、同プロジェクトが先行することは自然の流れであるが、この間少なくともアラスカ・プロジェクト検討のモメンタムを維持する必要。特に第2クック・インレット・プロジェクトについては、今後の米国の反応、タイ、カタール等他のプロジェクトとの関係等を勘案しつつ可能性を検討の要。

3．従って、サハリン・プロジェクトの進展振り自体慎重にコントロールする必要がある。対米関係上は、本件プロジェクトを最終的に妥結させるにあたっては日本政府の役割を如何に位置づけるかが今後の対米説明上も重要。特に輸銀のローンの供与形態については右側面が強く、政府としての考え方を決めるにあたっては必ず事前に当省と協議されたい（注：従来のシベリア開発案件と同様の輸出信用でいくか、輸銀

の態度正式には未決定）。

4．サハリン・プロジェクトを妥結せしめることある場合には、事前に、かつ、慎重に検討した内容で米国側に対し外交ルートで通報をしおくことが肝要につき、本件プロジェクトの進捗状況については詳細に当省に通報されたい（注：右通報の内容としては、①日本にとっての本プロジェクトの必要性、②エネルギー Security 上の観点、③日米エネルギー協力上の観点を含める必要あり）。

　上記の外務省からの申し入れに対して、資源エネルギー庁は以下の通り回答しており、改めて経済性を重視した協議を進めていくことに変わりはないが、対米関係の上で慎重な対応も必要であり、外務省に対して事前通報をする旨了解している。（下線は筆者による）

　12月8日、東郷経エネ長より清木資源エネルギー庁国際資源課長に対し申し入れを行ったところ、概要下記の通り。

1．冒頭当方より、上記の主要点、就中、アラスカ・プロジェクトとの競合、政府の役割、対米通報の時期及び内容の3点につき述べた。

2．これに対し、先方は以下の通り述べた。

　（1）アラスカ・プロジェクト、就中第2クック・インレット・プロジェクトについては、日本の一部商社が米側 ARCO と組んで関心を惹起しているが、プロジェクトの性質としては小さな穴の集合であって筋が悪く、経済的実現性の程については疑問がある。しかし、いずれにせよ、130万トン程度の規模であれば、90年以降、吸収は不可能ではない量と考えている。サハリンの進行状況に応じ、アラスカのモメンタムは維持すべきという点はそのとおり。タイのプロジェクトとの競合については、アラスカと直接にかちあった場合は勝ち目はないのではないか。いずれにせよ、競合について慎重な政治的配慮が要ることは了解。

　（2）輸銀ローンについては、現在はっきりした利子率が決まっている訳ではない。資源開発の低利ローンを供与するかどうかについて

は、サハリンだけを特に優遇する扱いとする訳ではない。いずれに
せよ状況をみて検討することとしたい。
（3）米国への事前通報は趣旨は了解。その一つの場としては、2月
に予定されている日米エネルギー専門家会議が最初の場ということ
となるかもしれない。

更に先方は、本件は12日からの日ソ経済合同委員会では合意されるとは
考えていない旨述べ、また、サハリン・プロジェクトが官邸との関係で微
妙な問題があることは理解している口ぶりであった。

上記の通り、ソ連・天然ガスプロジェクトに関しては、対米協議は政府
・外務省が前面に立ち、米国側の説得を進めながら、民間に対する行政指
導を行う通産省・資源エネルギー庁にも一定の注意喚起を行っていたこと
が分かる。

それに対して、ソ連側との間のプロジェクト協議に関しては、経済性に
基づいて SODECO が前面に立って協議を進めていた。具体的には、「定
期首脳会議」と呼ばれる SODECO とソ連外国貿易省との間の会議を重ね
て、事業性調査（Feasibility Study, F/S）に必要な日本の輸銀による融資金
利条件に関する協議等が進められ、同会談の進捗状況に関しては、都度、
SODECO が通産省及び外務省に報告を入れるという形式がとられた。

実際に、ソ連外国貿易省との輸銀の金利条件協議の際には、事前に金利
のレベル感を提示するよう強く求めるソ連側に対して、SODECO 側は通
産省・輸銀と相談した上での金利条件をあくまで「会社意見」の形でソ連
側に提示する形をとった。これにより、日本経済新聞によるスクープ記事
として同金利条件がリークされた際にも、日本政府は、「民間側が会社限
りのものとして自己の責任において、もっぱら Feasibility Study のため
ということでソ連側に提示したものである」との説明に終始し、国際的に
無用な刺激を与えないように対応していた。

SODECO 側もまた、対米協議は政府に任せ、ソ連とは純粋に経済性に
基づいて協議を進める形を、ソ連側の拙速な要求をかわしながらプロジェ
クト価値向上に向けて注力できるとして評価していた。このことは、

SODECO 小林社長が外務省欧亜局長に対して第10回定期首脳協議の報告
をした際の以下発言からも見て取れる＊75。（下線は筆者による）

1．今日の定例協議の際、ソ連側より本年夏に出すことが予定されてい
  る F/S 案が提出された。今後この案につき検討し、12月の日ソ経済委
  員会合同会議においても協議を行い、F/S を完全なものにしていきた
  い。

2．今日の定例協議の際には、ソ連側より本プロジェクトについては、
  40億ドルもの資金をつぎこむのなら、西シベリアあたりにもっと有望
  なものがあるのではないかなどの意見もありソ連ガス工業省等、一部
  には反対意見もあった旨発言もあったが、外国貿易省等では本プロジ
  ェクトが日ソ間の貿易インバランス解消に役立つこと、本プロジェク
  トが稼働すれば本プロジェクトの天然ガス・石油により今後8億ドル
  もの外貨収入が見込まれ、不均衡の是正が見込まれる。日ソ経済関係
  の進展に貢献すること、極東の天然ガス開発が必要であること等の観
  点から本プロジェクトを進めていこうとしているようだ。
  また今日初めてソ連側より本プロジェクトは日ソ間で政治的に重要で
  ある旨、またチーホノフ首相も関心を持っている旨発言があった。
  （これに対し、局長よりソ連側ではどういう意味で政治的に重要であると言
  っているのかと質したところ、小林社長よりその点についてそれ以上はつめ
  なかったが、重視している旨の発言があったとの回答があった）
  F/S を完成するため現在問題となっているのは(1)輸銀の融資の供与条
  件、(2)天然ガスの引取時期の2点である。(1)の点については、幸いに
  輸銀がこのプロジェクトに理解を示してくれており、サハリン石油開
  発協力（株）限りの意見ということで F/S を実施する際の金利として
  7.5％、7.25％で計算したらどうかとのラインが示され、ソ連側にも
  サハリン石油開発（株）限りの案ということで提示した。ソ連側では
  現在6.5％の金利を主張しているが、ファイナンスの問題は日本側で
  ある程度目処が決まれば、ソ連側でも一応評価するのではないかとの
  感触である。(2)のガス引取時期については、ソ連側では1991/92年内

に是非日本に引き取ってもらいたい、そうでないとフィージブルでない旨述べていたが、<u>我が方では通産省とも相談の上、92/93/94/95年の4つのケースで F/S を考えるようソ連側に提示した。ソ連側では95年の引取等とんでもないとの反応であった。一方、電力会社の方で本プロジェクトによる天然ガスにつきどのように考えているかというと、結局これまでの経緯もあり、最終的には本プロジェクトにつきあっていかざるを得ないと考えているが、国際情勢が流動的であることなど、不確実な要因があることで、不測の事態が生じた際、電力会社だけが責任をとらされ損失を被るのはかなわないと考えており、サハリン石油開発㈱としては通産省の行政指導により問題が解決されればと考えている。</u>

3．天然ガスが今後供給が過剰となる問題については、いろいろな意見があるが、政府が1983年11月に行った「長期エネルギー需給見通し」中間報告によれば1990年の天然ガス需要は3,650万トンでその時点のサハリンの天然ガスの供給は100万トンにもならないから大きな割合とは言えない。また同需給見通しは年率3％の電力需要の伸びと仮定しているが、現在電力の需要は6％～7％程で伸びており、1990年に電力需要が3％の伸びに留まることはあり得ないと考えている。

4．<u>価格面の問題についても、ソ連側では価格を下げることを考えているようだが、いくら引き下げるかは取引の相対の場で無いと提言できないとしている。もし安い値段が提示されれば、ユーザーにとっても魅力あるものとなる。電力業界も価格の引き下げ問題には興味があるようだ</u>（この問題で最近フィンランドとソ連との間に天然ガスの売買契約がまとまり、発電用の天然ガスの価格として、低品位の石炭と同じくらいの値段をつけたようだが確認できていないのでもし外務省の方で何か分かれば教えて欲しい旨の発言があった）

5．現在ソ連側より提示のあった F/S 案については非公式のまだ煮詰まっていない案であるのでソ連側では今日の協議の結果を踏まえて完成されたものを作成し12月の日ソ経済委員会合同会議に間に合わせたいと考えているが、我が方では F/S の完成は今年の末か来年のはじめに

なると考えている。ソ連が相手の場合は急激に進むことは無いが徐々
に前進していきたい。

現在のF/Sでは経済性の検討に関し、投資した量とそれによって得る
であろう収入につき、ほぼ同レベルの数字を出している。こうした数
字がほぼ等価では採算ベースでの経済活動とは言えず経済活動として
不安が残る。従って我が方よりF/Sにつき投資面では操業費の削減、
設備投資の縮小、販売面でもガスの値引き等、少し余裕のあるように
計画を作り直してはどうかと提案している。

6. 安西日ソ経済委員会会長の認識でも現在日ソ間の経済協力の主なも
のはサハリン・プロジェクトしかないとの認識であり、このプロジェ
クトに協力しこのプロジェクトを片付けていくことが重要であると考
えている。ソ連の利益になり、日本の利益にもなるような形でないと
うまくいかないことは承知している。現在、本プロジェクトについて
は米国から雑音が入ってきており、また日本経済新聞にも北方領土と
の関連で取り上げられているが、(11月22日付日経社説において「米ソ関
係の改善や日ソ間の領土問題での前進がない時期に米国の新アラスカ LNG
案をそでにしてまでサハリン計画を選択することには難点もある」旨の記述
がある)誤解があるように思える。本プロジェクトは我が国の天然ガ
ス供給の7%を満たすのみで1割になっていないし、また天然ガスの全
エネルギー需給に占める割合は約10%であり、従って全エネルギー需
給に占める本プロジェクトによる天然ガスの供給は0.7%であり、我
が国に大きな影響を与えるものではない。過去10年間本プロジェクト
については技術的なトラブル以外日ソの間で問題が生じたことはなか
った。北方領土は重要な問題であり、むしろその地ならし、露払いの
ために手頃な規模である本プロジェクトを実施する方向でやるのが望
ましいのではないか。米国との関係については外務省よりご指導いた
だいたこともあり、本プロジェクトのスタート当初はサハリン石油開
発㈱に米国系企業を参加させ合弁でやることを考え、米国ガルフ社に
10%のシェアの株をもってもらい株主となってもらった。その後ガル
フ社はシェブロンに合併されたが、米国の企業を本プロジェクトに抱

き込んでおくことが必要ということでシェブロンに対し日本石油、通
産省等を通じシェブロンがガルフ社に替わり、サハリン石油開発㈱の
株を持ってくれるよう働きかけを行っている。

　以上のように、1982年11月に中曽根首相が就任すると、米国レーガン政
権と外交上では蜜月関係を構築していく一方、米国からはアラスカ LNG
プロジェクトをソ連・天然ガスプロジェクトよりも優先するよう圧力がか
かり、日本にとって対米関係上の「軍事的・エネルギー安全保障間のジレ
ンマ」はむしろ強まることになった。こうした中で、日本は政府と企業が
連携する形で、対米協議では政府及び外務省が「民間主導の形」を強調す
ることで、米国からの批判をかわす戦略を展開した。また企業側は対ソ連
とのプロジェクト協議には前面に立ち、同様に「民間主導の形」、すなわ
ち経済性に基づいた協議を展開し、ソ連側からの拙速な要求に対しても、
事業性調査の重要性を訴えるなど、こちらも「民間主導の形」を戦略的に
活用していた。つまり本節の段階においては、独立変数である「軍事的・
エネルギー安全保障間のジレンマ」が強まったことで、従属変数である
「民間主導の形」も強まったことが観察された。

第6節 「逆オイルショック」とサハリン天然ガスプロジェクトの凍結

　1985年にゴルバチョフがソ連の書記長に就任すると、中央統制経済から
市場経済への移行が図られると共に、資源開発に対する外資導入もより積
極的に進められるようになり、サハリン天然ガスプロジェクトにとっても
追い風になると思われた。
　しかしながら、その後、国際原油市場において、日本を含む消費国にお
ける脱石油・省エネ政策の推進や、原油価格高騰に伴う北海油田やメキシ
コ湾油田等、非 OPEC による石油生産の増加によって、石油需要に対す
る供給が上回るようになっていく。そして原油価格を維持するために自国
のシェアを犠牲にする形で大幅な減産を行う「調整役」を担ってきたサウ
ジアラビアが、その財政負担に耐えきれなくなり、1985年12月に調整役の

放棄を宣言し、1986年に大幅な石油増産に転じた結果、原油価格は約30ドル／バレルから約15ドル／バレルに急落した。このいわゆる「逆オイルショック」が起こると、1986年6月にソ連側よりサハリン天然ガス事業は経済性が見込まれないとの通知がなされるに至り、プロジェクトは凍結された。

　この状況下においては、日本として米国に対してソ連の天然ガスプロジェクト遂行のための理解を求める必要は無くなり、独立変数である「軍事的・エネルギー安全保障間のジレンマ」も無くなった。それに伴い「民間主導の形」を対米説明において強調する必要性も無くなった。

　その後、1990年8月のイラクのクウェート侵攻に伴い中東地域が不安定化すると、再び原油価格は上昇した＊76。その間、引き続きソ連におけるペレストロイカは進展しており、1987年のソ連・米国間の中距離核戦力（INF）全廃条約調印、1989年11月のベルリンの壁崩壊を経て、12月にはマルタ会談において米ソ首脳によって冷戦の終結が宣言された。こうした状況下、サハリン天然ガスプロジェクトの協議も再開され、1990年12月に日本側の官民会社としての SODECO とソ連との間で1991年から開発を着手することで基本合意するに至った。同背景には中東地域の混乱に伴い、改めて日本政府としてもエネルギー安全保障上、そして日本の企業としても資源ビジネスの収益確保の観点から、中東以外のエネルギー資源の確保の重要性を再認識したことも指摘されている＊77。

　つまり、イラクのクウェート侵攻に端を発する中東地域の不安定化に伴い、原油価格が急騰すると、日本にとって再びソ連の天然ガスの重要性が高まることになったが、当時は既に米ソ冷戦の終結が宣言されており、日本にとって対米関係上、「軍事的・エネルギー安全保障間のジレンマ」を強めることなく、日本の官民連合会社としての SODECO を主体に開発に向けた協議を本格化することができたと言える。

　尚、米ソ関係が改善する中で、日本の「軍事的・エネルギー安全保障間のジレンマ」も強くならなかったことは、1991年8月にソ連によって行われた北東部沖合の石油・天然ガス開発の国際入札に対して、SODECO が米国の石油メジャーであるエクソンと共同応札を行っていることからも分

かる。SODECO としては、この新たなサハリン沖合の石油・天然ガスプロジェクトを、既に基本合意していた既存の天然ガスプロジェクトと統合開発することによって、採算性の向上を図ろうとしていた*78。また同入札に際しては、通産省もナショナル・プロジェクトとして強力に支援、1991年10月には当時の中尾通産相がソ連を訪問し、シラーエフ国民経済管理委員会議長やエリツィン・ロシア共和国大統領と面談、サハリン開発についても、「我が国として、できる限りの支援をしたい」と話すなど*79、日本側の官民が緊密に連携していた。その後、1991年12月にソ連は消滅するが、サハリンの石油・ガス開発は全てロシア共和国に継承された。

　結局、1992年1月に上記の新規開発の入札者に関しては、SODECO・エクソン連合ではなく、三井物産・米国マラソン・マクダーモット連合が落札することがロシア政府より発表されたが*80、SODECO も引き続き既存鉱区における開発を進めていくことになった。そして、SODECO 連合のプロジェクト（サハリン1）、三井物産連合のプロジェクト（サハリン2）共に、その間、資本構成の変化等を経ながらも、それぞれ2000年代より生産開始に至っている*81。

　以上のように、1986年初めに原油価格が大幅に下落する「逆オイルショック」が発生したことに伴い、サハリン天然ガスプロジェクトが採算性の観点から凍結されるに至り、日本として米国に対してソ連の天然ガスプロジェクト遂行のための理解を求める必要は無くなり、独立変数である「軍事的・エネルギー安全保障間のジレンマ」も弱まった。それに伴い「民間主導の形」を対米説明において強調する必要性も無くなった。本節の段階でも、独立変数と従属変数の連関が観察されたと言える。

第7節　分析結果

　それでは本章におけるソ連・サハリン天然ガスプロジェクトの過程追跡を改めて独立変数である「軍事的・エネルギー安全保障間のジレンマ」と従属変数である「民間主導の形」の変化に注意しながら整理する。

　まず1965年から本格化する参画協議は、1962年のキューバ危機収束以降、

米ソ間で関係改善が進むタイミングと重なり、日ソ間の協議もまた両国の官民が参加する日ソ経済委員会合同会議を通じて進展していった。つまり、日本にとって独立変数である「軍事的・エネルギー安全保障間のジレンマ」も緩和されていき、従属変数である「民間主導の形」も強くならなかった。

　その後、1973年10月に第一次石油危機が生じると、日本の自主的な資源外交を掲げる田中角栄首相が同月に早くもソ連を公式訪問、本件の協議も実施、1974年の大筋合意、1975年の契約締結に至った。日本側主体であるサハリン石油開発協力株式会社（SODECO）は、通産省傘下の石油公団が50％を出資し、その他、海外石油開発、石油資源開発がそれぞれ約10％、残りを伊藤忠商事や丸紅といった商社・エネルギー企業が出資する半官半民の組織であった。加えて SODECO には、民間企業の1社として米国メジャーであるガルフオイルが加わり、約5％を出資した。当時は、米国ニクソン大統領とソ連ブレジネフ書記長との間で米ソ・デタントが進められており、冷戦下にあって米ソ間の緊張関係が一時的に緩和していたことも背景にあった。このように石油危機以降、欧米メジャー経由での安価な石油調達が困難になった日本にとって、ソ連の天然ガス開発の重要性は高まり、田中首相以下政府が積極的に関与する形で基本合意がなされた。この段階において日本にとって独立変数である「軍事的・エネルギー安全保障間のジレンマ」は、米ソ・デタントによって抑えられていた。それに伴い日本政府も積極的にソ連との協議に参画することが可能となり、結果として従属変数である「民間主導の形」も強調されることはなかった。

　しかしながら、1979年12月にソ連のアフガニスタン侵攻、更には1981年11月にソ連がポーランドにおける労働組合弾圧の戒厳令を支持したことで、米国は対ソ制裁を強化し、米ソ関係は緊張関係に陥ることになる。一方でイラン IJPC プロジェクトとは異なり、日本は同様に米国の対ソ制裁に異議を唱える西欧諸国と連携して、政府主導で米国に対して制裁免除を要請、結果としてレーガン政権から制裁解除を引き出すことに成功した。このようにソ連のアフガニスタン侵攻、そしてポーランドにおける戒厳令に対するソ連の支持によって米国が対ソ制裁を強化すると、日本にとって独立変

数である「軍事的・エネルギー安全保障間のジレンマ」は強まったが、西側諸国と連携して米国による対ソ制裁の解除に成功することで、当該ジレンマを解消した。こうした中で、従属変数である「民間主導の形」も強調されることはなかったが、「既存契約」である点は米国に対して訴えられていた。

　その後、日本では鈴木善幸から中曽根康弘に首相が交代し、中曽根首相は米国レーガン政権と蜜月関係を築くことになる。しかしながら首脳同士の蜜月関係とは別に、米国からはアラスカ LNG プロジェクトをソ連・天然ガスプロジェクトよりも優先するよう圧力がかかる。この状況下、日本は、民間の経済性を盾に米国からの批判をかわす戦略をとった。つまり、米国からアラスカ LNG プロジェクトを優先するよう圧力がかかるようになると、再び日本にとって「軍事的・エネルギー安全保障間のジレンマ」は強まり、日本はイランの IJPC プロジェクト同様に、対米説明において「民間主導の形」を強調、つまり民間ビジネスの基本である経済性という点を強調することで、批判をかわそうとするようになった。

　その後、国際原油市場において、日本を含む消費国における脱石油・省エネ政策の推進や、原油価格高騰に伴う北海油田やメキシコ湾油田等、非OPEC による石油生産の増加によって、石油需要に対する供給が上回るようになっていくと、原油価格を維持するために自国のシェアを犠牲にする形で大幅な減産を行う「調整役」を担ってきたサウジアラビアは、その財政負担に耐えきれなくなり1985年12月に調整役の放棄を宣言、1986年に大幅な石油増産に転じた結果、原油価格は約30ドル／バレルから約15ドル／バレルに急落した。このいわゆる「逆オイルショック」が起こると、経済性の観点でサハリンの天然ガスプロジェクトも一旦凍結された。これにより、日本として米国に対してソ連の天然ガスプロジェクト遂行のための理解を求める必要は無くなり、独立変数である「軍事的・エネルギー安全保障間のジレンマ」も無くなった。それに伴い「民間主導の形」を対米説明において強調する必要性も無くなった。

　しかしながら、その後、1990年8月のイラクのクウェート侵攻に伴い中東地域が不安定化すると、再び原油価格は上昇し、プロジェクトの協議も

再開された。加えて当時は1989年12月のマルタ会談にて米ソ首脳による冷
戦の終結も宣言されており、日本として対米関係との間のジレンマを感じ
ることなく、ソ連側との協議を進めることが可能になっていた。こうした
中、日本は官民連携でソ連、そしてソ連崩壊後はロシアとの間で協議を進
展させ、米国エクソンも権益に入れる形で、2000年代よりプロジェクトの
生産を開始するに至った。

　このようにサハリン天然ガスプロジェクトの事例においても、イランの
IJPC プロジェクト同様、独立変数である「軍事的・エネルギー安全保障
間のジレンマ」が参画当初の弱かった状況から、ソ連のアフガニスタン侵
攻及びポーランド戒厳令に対する支持に伴い米国が対ソ制裁を強化したこ
とを契機に強まった。更に米国がアラスカ LNG を優先するよう強く迫る
ようになったことにより、当該ジレンマは更に強くなったが、その後、冷
戦終結・米ソ関係の改善により、当該ジレンマも緩和された。これに伴い、
従属変数である「民間主導の形」についても、参画当初の弱い状態から、
「既存契約」である点を訴えるという中程度の状態となり、更に経済性重
視の観点が戦略的に強調されるようになったが、最終的には再び弱い状態
となったことが観察された。以上をまとめると表3-1のようになる。

表3-1　サハリン天然ガスプロジェクトにおける変数の変化

	軍事的・エネルギー安全保障間のジレンマ(独立変数)	民間主導の形(従属変数)
参画時	弱	弱
第一次石油危機	弱	弱
米国による対ソ制裁	中(欧州と連携して制裁解除に成功)	中(「既存契約」である点の強調)
アラスカLNG優先圧力	強	強
冷戦終結・米ソ関係改善	弱	弱

第4章

事例分析③

日本とイラン・アザデガン油田プロジェクト

第1節　事例の特徴

　本章では、これまでの2つの事例分析同様、独立変数である「軍事的・エネルギー安全保障間のジレンマ」と従属変数である「民間主導の形」の変化に着目して、比較的現代の事例としてのイラン・アザデガン油田プロジェクトの過程追跡を行う。

　2000年のイランとの参画協議開始時、米国とイランの関係は改善傾向にあった。それまで米国は1995年にイランに対して経済制裁を発動し、1996年にはイラン・リビア制裁法（ILSA）によってイランにおける経済活動を制限していたが、1997年にイランにおいて穏健派のハタミ大統領が誕生したことで、徐々に緊張関係が緩和してきていた。そのため、日本にとっても、イランとアザデガン油田の参画協議を進める上で、対米関係上のジレンマも強まることはなかった。こうした状況下、日本側も通産省が積極的に関与する形でイランとの協議を進め、2000年11月のハタミ大統領の訪日に合わせて森喜朗首相との面談の場において、日本側に優先交渉権を与えることが合意された。つまり、参画協議開始時点では独立変数である「軍事的・エネルギー安全保障間のジレンマ」が弱く、従属変数である「民間主導の形」も弱かった。

　その後、通産大臣（2001年より経産大臣）が筆頭株主である国際石油開発（INPEX）を中心として官民連携の形でイラン側との参画協議が本格化するが、2001年9月に米国で9.11.テロが発生し、翌2002年1月には米国ブッシュ（子）大統領が一般教書演説の中でイランをイラク・北朝鮮と共に「悪の枢軸」と名指しで非難すると状況は一変した。同年8月にはイラン政府が大規模な原子力施設を秘密裏に建設していることが明らかになり、日本

のアザデガン油田の参画協議に対しても米国による懸念が強まり、日本はイランとの間で当初予定の2002年12月の交渉期限までに合意できず、協議は長期化することとなった。またその間、日本側の一員であったトーメンはアザデガン油田の参画協議からの離脱を表明するに至った*82。

　しかし2003年12月に日本の小泉純一郎政権が米国ブッシュ（子）政権の要請に応じて、イラク戦争後の復興活動のために自衛隊を派遣すると、米国側も日本のアザデガン油田参画に対して積極的な支持はしないまでも、黙認のスタンスをとるようになった。そして、2004年2月に日本の企業連合がアザデガン油田の75％権益を取得するに至った。尚、最終的に権益取得合意に至るまでに、当初参加を予定していた JAPEX や JOGMEC といった日本政府傘下の組織の出資が断念された。つまり、参画協議の中で独立変数である「軍事的・エネルギー安全保障間のジレンマ」が強まった結果、日本側は政府色の強い組織を前面に出すのを止める形で参画合意を実現しており、従属変数である「民間主導の形」が強まったと言える。

　翌2005年に入ると、イランで対米強硬派のアフマディネジャドが大統領に就任し、核開発の積極的な継続を表明したことで、米国並びに国際社会がイランに対する反発を強めた。こうした状況下、日本はイラン側とアザデガン油田の開発開始の時期を協議していくことになるが、日本政府は対外的な発信において「政府としては民間とイラン政府との話し合いを見守っていく以上のことはできない」という趣旨の発言を繰り返した。そして2006年10月、日本側はアザデガン油田の75％権益を10％に縮小する決断に至った。つまり、この際も、日本は、独立変数である「軍事的・エネルギー安全保障間のジレンマ」を強めると共に、従属変数である「民間主導の形」を強調する外交を展開することになった。

　その後も、イラン核開発を巡る状況は深刻化の一途を辿り、2006年12月には国連安全保障理事会によるイランに対する制裁が採択され、反発するイランは制裁が求めるウラン濃縮活動停止に応じなかったため、2007年3月には更に国連安全保障理事会による即時停止を求める追加制裁決議が採択された。その後もイランはウラン濃縮停止に応じるどころか濃縮を拡大し、これに対して国連安全保障理事会が更に追加で制裁を科していくとい

う負の連鎖が続いていった。米国では2009年1月にオバマ政権が誕生し、就任当初はイランとの対話路線を表明していたが、イラン側の対応に次第に態度を硬化させ、2010年6月には国連安全保障理事会による4度目の対イラン制裁を主導し、翌7月には米国独自の制裁を成立させ、イランでの石油・ガス関連分野への投資等を行う外国企業も制裁対象に加えることを表明した。そして米国は日本に対してもアザデガン油田からの完全撤退を求めるようになった。最終的に INPEX は、イラン以外で展開する事業への影響も避けられないとして、同年10月にアザデガン油田からの完全撤退を決定した。つまり、米国が独自の制裁によって外国企業もその対象に含めたことにより、日本側が「民間主導の形」を強調することの効果は減退し、結局、日本は撤退を余儀なくされたと言える。

　このようにイラン・アザデガン油田の事例においても、前の2つの事例同様、参画協議当初は独立変数・従属変数共に「弱」であったが、米国からの圧力が強まるにつれて、双方の変数共に「強」になっていった。その一方で、最終的には従属変数である「民間主導の形」の効果が減退する様子も見られた。それでは次節以降で、より詳細に過程追跡を行うこととする＊83。

第2節　穏健派ハタミ政権との参画協議

　アザデガン油田は1998年に発見され、翌1999年に、イラン政府によって推定埋蔵量260億バレルの「イラン最大の油田」として公表された。当時のイランの状況としては、米国クリントン政権によって1995年に対イラン経済制裁が発動され、更に1996年にはイラン・リビア制裁法（ILSA）が発効されたことで、イランで活動する第三国の企業に対しても制裁が可能となっていた。しかしながら、1997年に穏健派のハタミがイランの大統領に就任することで、国際社会との関係改善が進んでいた。

　一方、日本側においては、2000年に通産省の影響を強く受けるアラビア石油が、当時最大規模の自主開発油田であったサウジアラビア沖のカフジ油田の権益更新協議に頓挫していた。アラビア石油は、1957年に日本輸出

石油社長の山下太郎がカフジ油田に原油採掘権を獲得したのを受けて、19
58年に発足した石油会社であり、当初は社長も民間人が務めていたが、第
一次石油危機後の1976年に元通産省事務次官が社長に就任して以降は、通
産省の事務次官経験者等、官僚出身者が歴代の社長を務めてきた。カフジ
油田の採掘権契約は、2000年2月までとなっており、アラビア石油は1999
年からサウジアラビア側と本格的な契約更新交渉を進めてきたが、サウジ
アラビアは石油産業の国有化を進めて採掘権を外国資本に認めない傾向を
強めていたため、延長交渉は難航した。サウジアラビア側は権益更新の条
件として日本政府の関与する形での鉄道建設を要請し、日本側は譲歩案と
して6,000億円の投資促進策や、鉄道資金への融資案をサウジアラビア側
に提案したが、サウジアラビア側は譲らず、契約延長交渉は物別れに終わ
った。その結果、2000年2月末に、アラビア石油の持つサウジアラビア沖
のカフジ油田の採掘権は失効したのである。これにより、日本は、最大級
の自主開発油田を失うこととなった*84。

　こうした中、石油の自主開発路線の継続を目指す通産省はイランにおけ
るアザデガン油田に注目した。イランにとっても原油の最大の買い手であ
る日本の投資を呼び込み、更には日本の主導する開発計画にすることで米
国企業にとって参入しやすい状況を作りたいとの思惑があった*85。通産省
とイラン側との交渉は2000年4月に始まり、同年11月に、日本を訪問した
ハタミ大統領と森喜朗首相との間で、日本側が30億ドルの原油代金の前払
いや、国際協力銀行（JBIC）の融資を条件に、優先交渉権を得ることが合
意された。これを受けて、2001年6月に経産大臣が筆頭株主であるインド
ネシア石油（2001年9月から国際石油開発（INPEX）へ名称変更）を中心に、
同じく同大臣が筆頭株主である石油資源開発（JAPEX）や独立行政法人で
ある石油天然ガス・金属鉱物資源機構（JOGMEC、略称はそのままに2022年
に正式名称をエネルギー・金属鉱物資源機構に変更）、商社のトーメン、そし
て技術顧問としての石油メジャーのシェルも加わり、企業連合としてイラ
ン側に開発計画書を提出して、イラン側との交渉が開始された。当時トー
メンは日本の総合商社の中で唯一テヘランに中東全体の統括本部を置き、
更にテヘラン駐在の総合商社で構成するグループの幹事会社を務めるなど、

イランに最も深く刺さり込んでいた総合商社であった（中嶋 2009:46）。当初見通しでは2002年内にも条件合意、開発着手という予定であったが、後述の通り国際情勢の変化の中で協議は難航することになる。

　このように日本にとって最大級の自主開発油田であったサウジアラビア・カフジ油田の権益更新頓挫に伴ってイラン・アザデガン油田の交渉も本格化していくが、当時は、イランにおいて穏健派のハタミ政権が国際社会との関係改善を進めており、日本にとっても対米関係上、「軍事的・エネルギー安全保障間のジレンマ」は強まらなかった。そしてイランとの協議も通産省（経産省）や通産大臣（経産大臣）が筆頭株主である INPEX や JAPEX が連携して行うなど、「民間主導の形」が強調されることはなかった。

第3節　米国・イラン関係悪化と日本の参画に至るまでのジレンマ

　前節の通り、当初想定ではイラン側との参画協議は2002年内にも条件合意、開発着手される予定であった。しかしながら、2001年8月に米国ブッシュ（子）政権がイラン・リビア制裁法を5年間延長することを決定し*86、更には9月に米国で同時多発テロが発生すると、米国はアフガニスタン、次いでイラクにおいて戦争を行い、中東地域は不安定化した。その結果、日本のイランとのアザデガン油田を巡る交渉も、一転、暗礁に乗り上げることとなった。

　翌2002年1月には、米国ブッシュ（子）大統領が、一般教書演説の中で、イランをイラクと北朝鮮と共に「悪の枢軸」として名指しで非難した。更に8月には、イランの反体制派組織であるイラン国民抵抗評議会が、イラン政府が大規模原子力施設を秘密裏に建設していることを明らかにし、イラン政府も平和目的のためであるとした上で事実を認めたため、イランの核問題が国際的な懸念となった。12月にアザデガン油田を巡る日本の優先交渉権の期限を迎えるが、協議は合意に至らず、交渉期限は2003年6月まで半年間延長されることになった*87。

　しかし2003年3月には米国等によるイラク攻撃が始まり、フセイン政権が崩壊した。その後も米軍がイラクに駐留し、戦後復興が進められたが、

治安は悪化の一途をたどり、中東地域は不安定化した。アザデガン油田を巡る日本とイランの交渉に関しても、6月末日に設定された二度目の交渉期限が近づく中、米国のパウエル国務長官は、カンボジアにおいて、川口外相に対して、交渉の再考を要求したと報じられた*88。これに対する外務省の公式見解は、「イラン核問題とアザデガン油田は二者択一の問題とは考えていない」「日本とイランの関係は、日本の国益であると同時に、国際社会とイランとの関係にもそれなりの貢献をしており、イランを良い方向に導くことを期待されているところもある」というものであった*89。結局、日本とイランの参画協議は長期化し、二度目の交渉期限までにも日本・イラン間で合意はできず、日本の優先交渉権は失効した。その後も交渉は継続されたものの、12月には、日本側の一員であるトーメンが交渉からの離脱を表明した*90。

　しかしトーメンが交渉離脱を表明した直後、イランはかねてから米国が要求してきた国際原子力機関（IAEA）の強制的核査察を認める追加議定書に調印した。更にその同じ月に、日本は米国の要望に応じて、復興支援のために自衛隊をイラクへ派遣した。

　こうしたイラン核開発を巡る状況改善と、日本が一貫して米国のイラク政策を支持・支援した結果、米国は日本のアザデガン油田協議を黙認するようになり、2004年2月に日本の企業連合はアザデガン油田の75%の権益と同油田の開発権を獲得するに至った。一方で、米国に対する配慮から特に政府色の強かった **JOGMEC** と **JAPEX** が合意の最終局面で契約当事者から外された（中嶋 2009:136）*91。尚、技術顧問として交渉に加わっていたシェルも合意内容では採算性が低いとして同じく不参加となった*92。

　以上のように、2001年9月に生じた米国における同時多発テロを契機に、米国とイランの関係は悪化し、米国は日本に対してもアザデガン油田の交渉の再考を求めるようになった。その結果、日本は核問題という軍事的安全保障と、自主開発油田確保というエネルギー安全保障をいかにして両立させるかという「軍事的・エネルギー安全保障間のジレンマ」を強めることになった。一方で、その後、2004年に日本は米国の要望に応じてイラクに自衛隊を派遣した上で、アザデガン油田の参画に合意したが、契約当事

者から政府色の強い JOGMEC と JAPEX を外し、「民間主導の形」を強調することで、米国を過度に刺激しない形での参画を行った。

第4節　イランに対する経済制裁と日本の権益縮小

　こうして日本はイランのアザデガン油田参画を実現した訳であるが、開発に向けて課題も残っていた。まず開発自体に関して、アザデガン油田の油層は三層で複雑な構造をしており高度な技術が求められたこと、また前述の通りシェル撤退の理由ともなった採算性の問題、具体的にはイランとの契約条件である「バイバック」形式では投資資金の回収は生産した石油で行うことになっており、生産できなければ採算性が著しく低下するという懸念があること、そしてアザデガン油田はイラクとの国境付近にあり、1980年代のイラン・イラク戦争の激戦地として広範囲にわたり地雷が埋められ、その除去が必要であること、といった課題があった（中嶋 2009:26-32,102-104,158）。

　更には日本の参画合意の直前である2004年2月に実施されたイラン国会議員選挙において、反米的な傾向の強い保守派が圧勝しており、その後ウラン濃縮用の遠心分離機の製造再開を表明するようになった他、同年8月には、当時の米国のパウエル国務長官が、イランの核査察への協力が不十分だと非難の上、参画合意後の日本に対しても、開発着工を再考するよう促すようになっていた*93。

　2005年に入っても、イランの保守派の勢いは止まらず、8月には穏健派のハタミに代わって、保守強硬派のアフマディネジャドが大統領に就任した。アフマディネジャド大統領は、核開発継続を表明して、ウラン濃縮施設を再稼働するなど、米国との対決姿勢を強めた*94。この間、日本は、「日本がアザデガン油田開発を中止しても、中国が後を引き継ぐだけで、イランには痛手にならない」（経産省幹部）として、核問題と油田開発は別問題であるとの立場から、開発着工に向けて現地周辺の地雷除去の作業を進める一方で、国際社会と連携する形でイランに対して核開発の中止も求め続けた*95。実際に INPEX 会長も「地雷除去が完全に終わり次第、開

発に着手する」と述べるなど、日本側としてアザデガン油田の開発を目指す方針は変わっていなかった*96。

　ところがイランはこうした国際的な核開発停止の要求に一向に応じず、2006年4月には、低濃縮ウランの製造に成功したと宣言した。これを受けて、国連安全保障理事会は、イラン政府に対して、ウラン濃縮活動を停止しない場合、経済制裁を発動すると警告する決議を採択するが、イランは徹底拒否の姿勢をとった。更には日本に対して、同年9月末までにアザデガン油田の開発に着手するよう強く迫った*97。当時は、北朝鮮も2006年7月に、テポドン2号を含む7発のミサイルを発射し、更に10月には核実験を行うなど瀬戸際外交を展開しており、日本は北朝鮮問題の対処の上で米国に軍事的安全保障面での依存を強めている状況であった。特に当時の日本の第一次安倍晋三内閣は、北朝鮮の核問題を最重要課題の一つとして位置づけていたため、安全保障面での米国の重要性は極めて高かったと予想される。

　この間も、アザデガン油田に関する契約条件や地雷・不発弾処理等の問題に関しての交渉は、日本の民間側主体である INPEX とイラン国営石油会社との間で行われた。一方で INPEX は民間とはいえ、経産大臣が筆頭株主であることもあり、イランとの交渉内容は、政府にも「細大もらさず報告されていた」（中嶋 2009:191）。INPEX 側からイランに対しては、地雷・不発弾処理がイラン側により完全に履行された段階で開発着手するとの主張が繰り返しなされ、それに対してイラン側が非難をするというやりとりが続けられた（中嶋 2009:191）。日本政府としては、甘利経産大臣が「政府としては民間とイラン政府との話し合いを見守っていく以上のことはできない」という答弁を繰り返し（中嶋 2009:192-196）、「民間主導」である点を強調していた。

　そして同年10月、INPEX は、2004年に取得した75%の権益を10%に縮小し、残りをイラン国営石油会社に譲渡すると発表した。尚、10%以下の権益となると政府の公的支援が必要でなくなるため、米国の理解を得られる範囲では最大の権益比率であった*98。

　このようにアザデガン油田の75%権益取得以降、一旦は改善の兆しが見

え始めていたイラン核問題は再びイランにおける保守強硬派の台頭によっ
て深刻化し、日本にとって「軍事的・エネルギー安全保障間のジレンマ」
は強まった。こうした中、イラン国営石油会社とのアザデガン油田に関す
る契約条件や開発のための地雷・不発弾処理等の問題は、日本の民間側主
体である INPEX が行い、日本政府も対外的な発信として「民間とイラン
政府との話し合いを見守っていく以上のことはできない」と繰り返し述べ
るなど、「民間主導の形」を前面に出して対応したことが観察された。結
果的に、INPEX は2006年10月に75％権益を10％に縮小する決定を行った。

第5節　イラン核問題の深刻化と日本の完全撤退

　2006年10月に日本がアザデガン油田の権益を縮小した以降も、イラン核
問題を巡る問題は深刻化し続けた。同月末に国連安全保障理事会において
対イラン制裁案が提出され、12月にはイランに対してウラン濃縮の全面停
止を求めて、核やミサイル関連物資の禁輸措置等の経済制裁を科す決議が
採択された。尚、当初、英仏独による原案では、ロシアがイランで建設中
であったブシェール（Bushehr）原発に関する規定も含まれていたが、ロ
シアより「完全に平和利用の施設であり、核拡散に関して何の問題は無
い」として最終採択内容からは削除された＊99。
　この制裁に対してイランは「平和的で合法的な核開発である」として反
発し、制裁が求めるウラン濃縮活動停止に応じなかった。これに対して翌
2007年3月に国連安全保障理事会は追加制裁決議を採択し、イランにウラ
ン濃縮活動の即時停止を求めたが、イランは同様に応じず、事態は硬直化
した。その後も、5月に米国・イラン間で1980年のテヘラン米国大使館人
質事件以来初めてとなる直接協議が実施され、イラク治安問題に関して双
方に重視する方向性で合致したものの、イラン核問題に関しては進展しな
かった。そして10月に米国は単独でイランに追加制裁を行うに至った。同
制裁は、核開発や弾道ミサイルの脅威、イラクでの反米テロ支援活動を理
由とし、イラン革命防衛隊や軍関連組織を対象として、それらとの取引を
制裁対象とするものであった。これは、他国の政府や企業に対しても対イ

ラン投資を踏み留めさせることを目的としており、1980年の両国断交以来最も厳しい追加制裁となった*100。

　その後、11月、そして翌2008年2月のIAEAによる査察報告書において、イランにおいて核物質の軍事転用は無いとの認定が行われたものの、国連安全保障理事会がイランに求めるウラン濃縮活動の停止は行われず、結局、2008年3月には3度目となる制裁決議が採択された。これに対してイランは同年4月にウラン濃縮を拡大し、更に7月には弾道ミサイル発射実験を行った。

　2009年1月になり米国にオバマ大統領が誕生すると、就任当初はイランとの対話路線を宣言した。尚、同月に中国の国営石油会社である中国石油天然気集団（CNPC）は、アザデガン油田の北部に位置する北アザデガン油田の開発でイラン側と合意している。

　しかしイランは同年6月の大統領選挙に向けて再選を目指す現職の保守強硬派のアフマディネジャド大統領が、国内保守層の支持基盤強化に向けて、「核技術の日」（＝アフマディネジャド政権として2006年4月の低濃縮ウラン製造達成を記念日としたもの）の式典において「従来より性能の高い2種類の新型遠心分離機の試験を行った」と語り、濃縮活動を拡大していることを明らかにするなど、国際社会に対する挑発を続けた*101。

　更に2009年6月のイラン大統領選挙を巡ってはアフマディネジャド大統領が再選されたが、不正があったとして対抗候補であったムサビ元首相ら改革派による異議申し立てが起こった。これに対して、アフマディネジャド大統領は民衆デモを弾圧したため、人権重視を唱えるオバマ大統領や欧州からのイランに対する非難が一層高まることになった。一方で、こうした状況下にもかかわらず、中国は1月に参画した北アザデガン油田の開発を進めていった。

　その後も、2009年9月にオバマ大統領主導で国連総会にて「核なき世界を目指す」旨の決議が採択されると、イランは同月にミサイル発射実験を行うなど挑発を続けた。同年10月には、国連安全保障理事会の常任理事国（米英仏露中）にドイツを加えたP5+1とイランとの間で核問題を巡る協

議が行われ、イランが製造した低濃縮ウランをロシアとフランスで高濃度に濃縮してイランに戻し、医療用研究炉で使用する計画等が妥協案として協議されたが*102、イラン側は自国内での濃縮を主張し、実際に翌2010年2月からは濃縮実行を発表するなど、協議は難航した*103。

　これにより当初は対話による解決を目指したオバマ政権もイランに対する圧力強化に転じることとなり、2010年6月にはオバマ政権では初、累計で4度目となる対イラン制裁が国連安全保障理事会で採択された。これに対してイランが IAEA の査察官の入国禁止で対抗すると、翌7月に米国は独自の制裁法を成立させ、イランに石油製品を輸出した米国外の企業も制裁の対象とすることで、イランのガソリン調達を制限した*104。EU もこれに続く形で独自の経済制裁を行い、イランでの石油・ガス関連分野への投資や設備・技術の供与の禁止や、EU とイラン間の船舶・航空による輸送手段の制限を行った*105。

　こうした欧米による対イラン経済制裁強化の中で、日本も同年9月に独自の追加制裁を決定した。その内容は「核やミサイル開発への関与が疑われるイラン革命防衛隊の関連企業に対する資産凍結」「核開発に関連するイランの会社への日本からの投資の禁止」「大型通常兵器の供給に関連するイランへの資金の移転防止」の3項目に限定すると共に、イランへの石油・ガス関連分野を含む輸出に際して日本企業が中長期の貿易保険をかけることを禁止し、実質的に新規投資を抑制する措置も講じることとした。一方で、原油の輸入については制裁対象からは除外するなど、アザデガン油田を含めた既存ビジネスに対する影響は最小限にするような内容となっていた*106。一方でトヨタは同制裁に先立って、イランへの自動車輸出を6月より停止していることを明らかにするなど、日本企業として米国からの制裁を恐れて、国際情勢に配慮する動きも出始めていた*107。そうした中でも、ロシアにより建設が進められていたイランにおけるブシェール原発は、米国が容認する形で同年8月下旬より稼働を開始した。同原発を巡っては、米国のクリントン国務長官が同年3月に、イランが核開発を平和目的と証明するまでは稼働させるべきでないとの考えを表明していたが、最終的には米国として国連安全保障理事会が採択した追加制裁決議の履行

徹底に向け、ロシアと対立を続けるのは得策ではないと判断して容認に転じたとされている*108。一方でロシアは国連安全保障理事会決議に従い、イランへのミサイル輸出に関しては禁止しており、対イラン制裁という点では米国等と協調姿勢をとった*109。

　2010年9月に決定した日本による独自の経済制裁に対して、米国はそれでは不十分であるとして、日本のアザデガン油田からの完全撤退も含めるよう強く求めるようになった。これまでも日本側は主に資源エネルギー庁幹部を通じて、米国がイラン制裁の対象とするのは新規開発油田であり、アザデガン油田に関しては既に10年来の関わりを持っているとして対象外とするよう説得を続けてきていた*110。それに対して米国側は、経産大臣が筆頭株主である INPEX を制裁対象リストに載せることも辞さないとの姿勢を示した結果、INPEX はイラン以外で展開する事業への影響も避けられないとして、同年10月にアザデガン油田からの完全撤退を決定し、イラン国営石油会社と合意した旨を発表した*111。尚、米国は欧州石油会社にも同様の強い措置を要請した結果、同年9月末に英蘭シェル、仏トタル、伊 ENI、ノルウェーのスタトイルがイランの石油開発投資からの撤退を決定し、米国からの制裁対象リストの適用を除外されている*112。

　このように2006年に INPEX が権益縮小を決定した以降も、イラン核問題は深刻化していき、米国の対イラン制裁が強まるに伴って、日本にとって独立変数である「軍事的・エネルギー安全保障間のジレンマ」は更に強まっていった。一方で米国の制裁がイランで活動する外国企業にも適用となったこともあり、日本として米国に対して「民間主導の形」を強調することの効果も弱まっていた。結局、日本は米国からの強い圧力に屈する形で、INPEX によるアザデガン油田からの完全撤退を余儀なくされた。

　尚、INPEX 撤退後の2011年、中国 CNPC は2009年の北アザデガン油田に続いて、アザデガン油田（南アザデガン油田と呼ばれるようになる）の開発でもイラン側と合意した。その後、北アザデガン油田は2016年より生産開始する一方で*113、南アザデガン油田は開発遅延により CNPC とイランとの間の開発契約は2014年に終了している*114。

第6節　分析結果

　それではイラン・アザデガン油田プロジェクトに関する過程追跡を独立変数である「軍事的・エネルギー安全保障間のジレンマ」と従属変数である「民間主導の形」の変化に注意して改めて整理する。

　まず日本にとって最大級の自主開発油田であったサウジアラビア・カフジ油田の権益更新が頓挫したことで本格化されたアザデガン油田の交渉開始時は、イランの穏健派であるハタミ大統領によって米国含めた国際社会との関係改善が進んでいた。日本にとってもイランとの協議を進める上で対米関係上の「軍事的・エネルギー安全保障間のジレンマ」も強まることはなく、イランとの協議も通産省や通産大臣が筆頭株主である INPEX が連携して行うなど、「民間主導の形」が強調されることはなかった。

　その後、2001年9月に生じた米国における同時多発テロを契機に、米国とイランとの関係が悪化し、米国から日本に対してもアザデガン油田の交渉の再考が求められるようになると、日本にとって「軍事的・エネルギー安全保障間のジレンマ」は強くなった。こうした中で日本はいかに核問題という軍事的安全保障と、自主開発油田確保というエネルギー安全保障を両立させるかを模索し、米国の要望に応じて2003年12月にイラクに自衛隊を派遣した上で、2004年2月にアザデガン油田の75%権益を取得した。その際、契約当事者から政府色の強い JOGMEC と JAPEX を外すことで、「民間主導の形」を強調し、米国を過度に刺激しない形での参画を志向した。

　一旦は改善の兆しが見え始めていたイラン核問題は、イランにおける保守強硬派の台頭により再び深刻化し、日本にとって「軍事的・エネルギー安全保障間のジレンマ」は強まった。こうした中、イラン国営石油会社との契約条件や開発のための地雷・不発弾処理等の問題に関する協議は、日本の民間側主体である INPEX が行い、日本政府も対外的な発信として「民間とイラン政府との話し合いを見守っていく以上のことはできない」と繰り返し述べるなど、「民間主導の形」を前面に出して対応した。結果的に、INPEX は2006年10月に75%権益を10%に縮小する決定を行った。

その後も、イラン核問題は深刻化していき、米国の対イラン制裁が強まるに伴って、独立変数である日本にとっての「軍事的・エネルギー安全保障間のジレンマ」は更に強まっていった。一方で米国の制裁がイランで活動する外国企業にも適用となったこともあり、日本として米国に対して「民間主導の形」を強調することの効果が見られなくなっていた。結局、日本は米国からの強い圧力に屈する形で、INPEX によるアザデガン油田からの完全撤退を余儀なくされた。

　このように、1970〜80年代のイラン・IJPC プロジェクトやソ連・天然ガスプロジェクト同様に、イランのアザデガン油田プロジェクトにおいても、独立変数である「軍事的・エネルギー安全保障間のジレンマ」が参画当初の弱かった状況から、イランによる核開発問題が深刻化し、国連安全保障理事会及び米国単独での対イラン制裁が行われることで強まっていった。そして従属変数である「民間主導の形」についても、参画当初の官民連携の形から、次第に「民間主導の形」が戦略的に強調されるようになった。一方で、今回の事例においては、米国による対イラン制裁の中に外国企業の活動を制限する内容が含まれるようになったことに伴い、対米説明において「民間主導の形」を強調することの効果の減退が見られた。結果

表4-1　イラン・アザデガン油田プロジェクトにおける変数の変化

	軍事的・エネルギー安全保障間のジレンマ（独立変数）	民間主導の形（従属変数）
参画協議時 （＝イラン核問題前）	弱	弱
参画合意時 （＝対イラン制裁前）	中	中 （政府色の強い企業除外）
権益縮小時 （＝国連対イラン制裁）	強	強 （「民間主導の形」の強調）
完全撤退時 （＝米国による日本企業の制裁リスト化の示唆）	強	「民間主導の形」の効果が減退し、完全撤退

として、日本は米国からの強い要請に押される形で、アザデガン油田からの完全撤退を余儀なくされた。

　本章における分析結果をまとめると表4-1の通りとなる。

第5章

❖

事例分析④

石油危機以降のドイツの資源調達

第1節　事例の特徴

　本章では、日本の比較対象として、西ドイツ（冷戦終結後はドイツ）の石油危機以降のエネルギー政策を取り上げる。序章及び第1章で触れた通り、石油危機以降、日本が「民間主導の形」を強調しながら米国とも敵対する国における資源調達を進めたのに対して、欧州先進国は政府が関与を強化する形で資源調達を進めた。特に顕著だったのがフランスであり、政府主導で国営石油会社を強化して、直接アラブ諸国との関係深化に乗り出し、更には米国が提唱した IEA に対してもアラブ諸国を刺激することになるとの理由で原加盟国として加入することはなかった。対して西ドイツは、石油よりも自国で採掘される石炭が主要燃料であったこともあり、石油調達に関しては受動的なアプローチをとり、フランスの主導する欧州の連帯構想に加わる一方で、米国が提唱する IEA にも原加盟国として加入した。一方で、国内石炭産業による増産や石炭・石油の代替エネルギーとしての天然ガス調達に関しては、政府が前面に出る形で進めていった。

　本章では、そのような西ドイツの天然ガス調達の中でも特に国際情勢の変化の影響を受けたソ連との協議を事例対象として、これまでの日本の事例分析同様に、独立変数である「軍事的・エネルギー安全保障間のジレンマ」と従属変数である「民間主導の形」の変化に着目して、過程追跡を行う。

　西ドイツがソ連との間でパイプラインによる天然ガス輸入に関して協議を開始したのは、米ソ・デタントが進んでいた1969年であった。そして同年に西ドイツの首相に就任したブラントは東方政策を掲げ、ソ連との間のエネルギー協力の拡大を押し進めた（Frank 2014:170）。このように協議開始時点では、西ドイツにとって対米関係上の「軍事的・エネルギー安全保

障間のジレンマ」は弱く、ソ連とのエネルギー協力拡大も政府が前面に立って進められ、「民間主導の形」も弱かった。

　その後、1973年に第一次石油危機が発生し、西ドイツとしても従来の欧米メジャー経由での中東からの石油調達が困難になる中、ソ連の天然ガスの重要性は更に高まり、その取引量増加に向けた協議が加速された。ソ連としてもパイプラインで供給できる経済大国としての西ドイツとのエネルギー協力深化は収益面でも魅力的であった。そして第一次石油危機の震源地は中東産油国であったことから、西ドイツ・ソ連間の天然ガス協議に対する米国の圧力は強くはならず、引き続き西ドイツは政府も前面に出る形でソ連との天然ガス協議を継続した。

　しかしながら、1979年にソ連がアフガニスタンを侵攻すると、米ソ・デタントが崩壊し、西ドイツにとってもソ連とのエネルギー協議を進めるにあたり対米関係上の「軍事的・エネルギー安全保障間のジレンマ」が強まることになった。こうした状況下、西ドイツ・ソ連間の協議は、政府が前面に出るのではなく、Deutche　Babcock や Krupp といった民間企業を介して行われるようになった（Frank　2014:178）。つまり、従属変数である「民間主導の形」も強まったのである。

　西ドイツとソ連との間の天然ガスを介した関係は、冷戦終結後、それぞれドイツとロシアとなってからも継続されてきた。近年国際的にも注目されたのが、ウクライナを迂回してバルト海経由でロシア産天然ガスを輸送するパイプラインであるノルド・ストリームに関する協議である。特に2011年より開始されたノルド・ストリーム2に関しては、2014年にロシアが国際社会の反対を押し切ってクリミアを併合すると、米国からの圧力も強まり、ドイツ・ロシア間の協議が一時的に凍結された。それでもドイツは2011年の福島原発事故を受けて脱原発政策を進めており、ロシア産の天然ガスのエネルギー安全保障上の重要性は高まっていたことから、当時のメルケル首相は「ノルド・ストリーム事業は民間のビジネスである」という点を強調する形で、米国からの容認を求め続けた。

　このようにドイツの事例においても、石油危機の発生時から冷戦終結後の現代に至るまで、独立変数である「軍事的・エネルギー安全保障間のジ

レンマ」が強まると、従属変数である「民間主導の形」が強まることが見て取れる。それでは次節以降でより詳細に過程追跡を行っていく。

第2節　米ソ・デタントとソ連との天然ガス協議

　第二次世界大戦後、西ドイツはフランス、イタリア、オランダ、ベルギー、ルクセンブルクと共に1951年に欧州石炭鉄鋼共同体（ECSC）を設立し、加盟国間の石炭・鉄鋼の共同市場を開設した。背景には、石炭・鉄鋼を巡って特にドイツとフランスが対立し、それが過去の二度の世界大戦の一因となったことへの反省があった。その一方で、設立から当分の間は、共同体による管理は十分に機能せず、特に西ドイツではルール地方の石炭販売に関して、従来通り自国で価格や数量を管理し、国内の特定顧客に安価に販売することも容認されていた（石山2018:4-5）。また石油に関しては、共同管理の対象外であり、西ドイツにおいても国内石油会社保護のための高率原油関税政策も継続された。特に西ドイツでは石炭生産国として石炭重視の傾向が強かったことから、石炭に比して優先度で劣る石油産業に関する政府関与は弱く、民間の小規模な国内石油開発会社がいくつか設立された程度であった（津村1971:3-5）。

　しかしながら、ECSC が発展的に解消される形で1957年に欧州経済共同体（EEC）が設立され、経済の更なる自由化を促すローマ議定書が承認されると、西ドイツにおいても1964年に高率の原油関税が撤廃された。これにより、西ドイツの元来脆弱であった石油市場は、海外石油資本の介入の標的となり、西ドイツの小規模な国内石油会社は次々と海外石油資本に買収され、国内石油会社の市場シェアは1968年には25％程度まで低下することになった（津村1971:12）。

　石炭から石油への転換も更に進む中、西ドイツ政府としても他国と比較して脆弱である国内石油産業の再編に本腰を入れ始め、1969年2月に「石油政策のための基本プログラム」を策定し、政府の石油政策の基本として「石油供給の安定」と「ドイツ資本の石油企業による市場シェアの維持」を掲げた。そしてこの目的達成のための有効な手段として、企業統合を追

求することを明示した。同時に政府として国営企業の設立はせず、ドイツ資本の企業と協力を図ることとするとしつつ、全額政府出資の金融機関である復興金融公庫（Kureditanstalt fur Wiederaufbau）による手厚い補助を与えることで、国内ドイツ資本の石油会社の統合を進めた。こうして基本プログラムに沿う形で1969年7月に国内石油資本8社を統合する形でDEMINEX が設立された。当該8社は国内外の石油開発、国内の精製・販売を行う各社を含んでおり、DEMINEX は石油の開発から販売までを担う統合型の会社となった（津村1971:12-16）。つまり西ドイツでは1973年の第一次石油危機に先駆けて、政府が関与を強化する形で国内石油企業の再編・統合が行われていた。

　当時の日本の石油業界においても、西ドイツと同様、欧米メジャー傘下になった「メジャー系」とそうした傘下にならず独自経営を続ける「民族系」に分かれていたが、西ドイツのように「民族系」が政府が関与を強化する形で再編・統合されることはなかった。ここには両国における「民族系」石油会社の意向や、両国にとっての石油業界の重要性の相違といった点もあるだろうが、日本政府として米国を過度に刺激しないでおきたいとの意向も影響を与えたと思われる。このあたりからも、日本と西ドイツの米国に対する依存度合いの相違、言い換えれば、「軍事的・エネルギー安全保障間のジレンマ」の度合いの相違を推し量ることができるだろう。

　そして西ドイツにおいては、欧州域内の石炭・原子力協力及び国内の脆弱な石油業界再編だけでなく、中東原油に代わる輸入エネルギー源の多角化も、第一次石油危機前から官民連携の形で進められていた。その中でも特にソ連とのエネルギー協議を積極的に進めた政治家が、1969年10月に西ドイツの首相に就任し、「東方外交」（Ostpolitk）を進めたブラントである。一般に東方外交は、ポーランドとの間でオーデル・ナイセ線を事実上の国境とするワルシャワ条約を調印したこと、ソ連との間で武力不行使条約を締結したこと、そしてそれまでのアデナウアー政権下にて存在自体を否定していた東ドイツの存在を事実上認めて東西ドイツの国際連合同時加盟を実現したことが代表的な転換として挙げられるが、ソ連からの天然ガス輸入拡大という点でも方針の転換が見られた。

　実を言えば、既に1969年10月のブラント首相就任前から西ドイツ企業は
ソ連との天然ガス輸入協議を開始していた。具体的には、1969年夏に西ド
イツ経済省の承認を得た上で、西ドイツのガス企業である Ruhrgas（現在
の E.ON）や Mannersmann、Thyssen　Rohrenwerke がソ連側との間でパ
イプラインによる天然ガス輸入の協議を開始し、翌1970年2月に契約締結
に至っている（Frank　2014:170）。つまり、こうした経済的関係が素地とな
ってブラント首相によるその後の東方外交が展開されたとも言えるが、ブ
ラントは更なる経済関係の深化が東西緊張緩和に繋がると考え、ソ連のブ
レジネフ書記長との間で更なるエネルギー協力の拡大を目指して協議を進
めた。西ドイツ外務省としてもエネルギー安全保障上、輸入する天然ガス
の2割まではソ連より輸入しても問題ないと考えていた（Frank 2014:170）。
第3章で触れた日本におけるソ連産の天然ガスの割合見通しが7％程度であ
ったことを踏まえると、地理的距離の近さを踏まえても西ドイツとしてソ
連との間のエネルギー分野における協力深化の重要性が窺える。こうした
ソ連とのエネルギー関係深化の背景には同時期に米国ニクソン大統領とソ
連ブレジネフ書記長との間でデタントが進んでいたことも一因として挙げ
られる。

　以上のように第二次世界大戦後の西ドイツは、自国で豊富に産出される
石炭を主力電源としており、石油産業に関しては、米国や英蘭の石油メジ
ャーがドイツ国内市場で強い影響力を持っており、ドイツ政府としての関
与の度合いも低かった。一方で徐々に石炭から石油への転換が進む中で、
西ドイツとしても最低限、国内石油資本のシェアの維持を図る必要性を認
識するようになり、政府が関与を強化する形で1969年に国内石油会社8社
を統合する DEMINEX が設立された。また同年には西ドイツとしてのエ
ネルギー調達多様化を目的として、政府が前面に立つ形でソ連との間でパ
イプラインによる天然ガス輸入の協議も開始された。当時は米ソ・デタン
トが進んでいた時期であり、西ドイツにとって対米関係上の「軍事的・エ
ネルギー安全保障間のジレンマ」は強まらず、「民間主導の形」も強調さ
れることなく、政府、特に外務省と経済省が中心となってエネルギー業界
再編やソ連との天然ガス協議が進められた。

一方で、西ドイツの外務省・経済省・企業が連携して他西欧諸国に先駆けて独占的にソ連との間でエネルギー協力を深化させようとする取組に対しては、他西欧諸国だけでなく、西ドイツの財務省からも、「エネルギー安全保障を重視する政府によって、採算度外視の低金利融資が行われている」点に対する批判が出されていた（Frank　2014:170）。こうした状況もあり、次節で指摘する通り、ソ連とのエネルギー協力は全てが想定通りに進んだ訳ではなかった。

第3節　第一次石油危機とソ連との天然ガス協議

　1973年に第一次石油危機が生じ、欧米メジャー経由で中東からの安価な石油調達が困難になる中、西ドイツは基本的にはまずは国内石炭産業に対する政府支援を通じて石炭増産を図ることを優先した。そして石油調達に関しては、より受動的な形で、フランスの主導する欧州の連帯構想に加わる一方で、米国が提唱するIEAにも原加盟国として加入した。その結果、アラブ諸国からは、アラブ諸国に武器提供をしたフランスや英国のように「友好国」認定を受けることはなかったが、米国やオランダのように「敵対国」として禁輸の対象にもならず、日本やイタリアと同様に「非友好国」として認定され、中東からの石油調達に一定程度の制限が加わることになった。尚、西ドイツが日本と異なり国内の石炭増産という選択をとれたのは、ルール地方の豊富な石炭資源をコスト競争力のある形で生産できたからである。実際、石油危機前の1970年の西ドイツの電源構成に占める石炭の比率は4割を超えており、日本の1割とは大きな差があった。そのため、日本にとって国内の石炭増産という選択は現実的ではなく、前述の通り外交を通じてアラブ諸国から「友好国」認定を得るべく奔走したのである。
　こうした状況下、西ドイツにとって、石油危機前より協議を開始していたソ連の天然ガスの存在は更に魅力的な選択肢となった。ソ連もまた石油危機によって西側諸国の中東石油離れが生じることで、ソ連の天然ガスやウランに対する需要が高まり、その経済収益が増大することを期待してい

た。実際、ソ連は第一次石油危機後の1974年、西ドイツとの間で天然ガス引取協議を加速させただけでなく、西ドイツに4つの原子力発電所を建設することを提案し、ソ連からのウラン販売促進を図っている（Frank 2014: 173）。西ドイツ側もシュミット首相がソ連との原子力協力に前向きな姿勢を示していた。この背景として、これまで西ドイツが濃縮ウランを調達していた米国が、国際的な需要の高まりによって販売価格を値上げしたことにより、西ドイツとして、価格競争力のある濃縮ウラン調達先の確保が求められていたことが挙げられる。西ドイツとしてまずは欧州原子力共同体（EURATOM）の枠内でフランスからの濃縮ウランの調達増も試みたが、ソ連は価格的にも競争力のある提案で西ドイツに対して攻勢をかけていた。実際、1973年3月の段階で、西ドイツの民間電力会社である RWE は EURATOM と共にソ連側とミュンヘンに原子力関連施設を建設するといった具体的な構想に関して協議をしていた（Frank 2014:172）。

　こうした西ドイツ・ソ連間の協議の素地があったこともあり、1973年10月に第一次石油危機が起こると、ソ連は更に積極的に西ドイツに対して天然ガス及び原子力の受け入れを訴えていくようになり、西ドイツとしてもソ連とのエネルギー協力という選択肢を更に積極的に検討していくようになった。

　結局、原子力に関しては、西ドイツとして西ベルリンへの送電の観点で東ベルリンを通過する際の安全性確保やそれに伴う収益性確保に疑念が上がり、1976年に断念した。尚、当該協議は米ソ・デタント期に重なっていたことから、米国は西ドイツのソ連との原子力協議に関して当初より黙認の姿勢をとっていた（Frank 2014:174）。

　一方、ソ連からの西側諸国に対するパイプラインによる天然ガス輸入に関しては、第一次石油危機以降、一定程度の拡大を続けたが、実際には第一次石油危機発生前に協議が進んでいたものが合意された以外は新たな合意はなされず、1970年代末時点においてソ連の天然ガスが西側諸国に占める割合は15%に過ぎなかった。この背景としては、ソ連としても中東からの調達が困難になっていた西側諸国に対して販売を拡大することで、それまでよりも高値での販売が可能になった一方で、デタントが進んでいたと

は言え、東西冷戦構造は残っている中において、石油危機以降は特に東側諸国に対して優先的に安価なガス供給を行うことも求められていたことが挙げられる。ソ連としては東側諸国の不満を高めないためにも、まずは東側に優先的にガスを供給するだけでなく、西側諸国に対しては価格面でもより高値の要求をせざるを得なくなっていた。結果として、西ドイツ含めた西欧諸国は域内間のエネルギー協力や電源構成の多様化を進めていたこともあり、ソ連との間のガス事業拡大にも歯止めがかかったのである（Frank 2014:175-176）。

　以上見てきたように、第一次石油危機が発生し、従来の欧米メジャー経由での中東の安価な石油調達が困難になると、西ドイツ、ソ連双方の選好が合致する形で、一旦は両国間の天然ガス協議は加速した。また第一次石油危機は中東が震源地であったことから、西ドイツにとってソ連と天然ガス協議を進める上で対米関係上の「軍事的・エネルギー安全保障間のジレンマ」が強くなることはなく、「民間主導の形」が強調されることもなかった。むしろ、この時期の西ドイツとソ連との天然ガス協議においては、ジレンマが無かった故に、純粋な意味での「民間主導の形」、つまり通常のビジネスとしての協議が進められた結果、西ドイツによる需要増を受けてソ連からの天然ガス輸入も一定程度の拡大を見せた。一方で、ソ連として政治的観点から東側諸国に対する配慮が必要であり、西ドイツに対しては高値での天然ガス販売を志向せざるを得なかったことから、西ドイツとして経済性の観点からその輸入拡大に歯止めがかかった。

第4節　米ソ・デタント崩壊とソ連との天然ガス協議

　イラン・イスラム革命、第二次石油危機、そしてテヘラン米国大使館人質事件は、日本同様、西ドイツの資源調達にも大きな影響を与えた。特に1979年は、2月のイラン・イスラム革命から始まり、5月には英国で保守主義を掲げるサッチャー首相が誕生、7月には中米ニカラグア革命、11月にはテヘラン米国大使館人質事件が発生し、そして12月には NATO がワルシャワ条約機構には軍縮を呼びかける一方で西欧には核兵器搭載の中距離

弾道ミサイルを多数配備するとした二重決定（Double-Track Decision）を行い、その数日後にはソ連がアフガニスタンに侵攻するなど、世界が再び分裂の様相を深めていく年となった。また同年3月には米国においてスリーマイル島原子力発電所事故が発生し、原子力発電に対する懸念も大いに高まった。更に1981年11月にソ連がポーランドにおける労働組合弾圧のための戒厳令を支持すると、米国レーガン政権は、対ソ制裁を更に強め、石油・ガス開発向けの掘削設備・輸送機器の禁輸措置を発表した（Frank 2014:176-179）。

　こうした米国並びに世界情勢の変化は西ドイツがソ連から資源エネルギー調達を進める上でも、今までになく「軍事的・エネルギー安全保障間のジレンマ」を強めることとなった。西ドイツとしては引き続きエネルギー安全保障の観点から、ソ連との間で天然ガスや原子力におけるエネルギー協力を進める姿勢を維持する一方、米国を過度に刺激しないためにシュミット首相は、民間企業である Deutsche Babcock を前面にする形でソ連とのエネルギー協議を継続させた。ソ連もまた1979年前後は経済状況があまり良いとは言えず、西ドイツとの経済関係深化は望む所であった一方で、東西対立の深化で身動きがとりづらくなっていたこともあり、大使館経由ではなく、西ドイツの企業経由での協議を大いに活用した。例えば、ソ連大使館は、西ドイツ大使館ではなく、ビジネス協議をしていた Krupp の会長である Berthold Beitz 氏に対して、アフガニスタンにおけるソ連兵の一部撤収の報告とモスクワ五輪のボイコット解除要請を行うなど（Frank 2014:178）、エネルギー協議も外交も「民間主導の形」が前面に出されるようになった。

　更に西ドイツ政府は、対米配慮からソ連との協議を「民間主導の形」にしたことに加えて、1981年1月に米国にレーガン政権が誕生すると、米国の対イラン制裁に同調して、西ドイツとしてのイランにおける資源開発計画を凍結する決断を行った。実際にドイツ企業であるシーメンス（Siemens）は当時イランにおいてブシェール原子力発電所の建設を進めていたが、イラン革命及びイラン・イラク戦争の中で開発を凍結し、最終的に撤退を決断している＊115。尚、その後、原発建設は中断していたが、 1995 年にイ

ランはロシアとの間で建設に合意し、ロシア企業（ロスアトム）によって
2011 年に完成し、試運転を経て 2013 年より商業運転に至っている。

　こうした対米配慮を行いながら、西ドイツはソ連との間では、1981年11
月に Ruhrgas がソ連の天然ガス貿易会社である Soyuz Gas Export との間
で新たな天然ガス購入契約を締結するに至っている。並行してソ連との間
では空港や製鉄所建設でも合意をするなど、米国からの批判をかわしなが
ら西ドイツとしてソ連とのエネルギー協議を着実に進めていった（Frank
2014:179）。

　米国レーガン大統領は就任以降、西ドイツ含めた西欧諸国に対して米国
が代替を示すまではソ連とのエネルギー協力を進めないよう要請していた
が、西ドイツはソ連との間で協議している内容は、西ドイツとして輸入し
ている天然ガスの30％、更に一次エネルギー全体では6％に過ぎない点や、
イランからも輸入ができない中、ソ連以外のエネルギー調達の代替は難し
い点を強く訴えることで、米国側の容認を引き出した。加えて、西ドイツ
は米国に対して、ソ連が西ドイツ含めた西側諸国とエネルギー関係を強化
することが戦争回避に繋がり、更にソ連が天然ガス輸出を増やすためにシ
ベリアを開発することにも繋がり、結果としてソ連の中東に対する関与も
和らげるといった説明も米国にしていた（Frank 2014:180）。

　更に西ドイツが米国から理解を引き出す上で重要となったのが、フラン
スのミッテラン大統領が、ソ連とのエネルギー協議停止を求める米国レー
ガン大統領に対して、米国がソ連よりも安価にエネルギーを供給してくれ
れば米国産を購入するが、そうでなければソ連と協議せざるを得ないとい
う点を強く言い放ったことであった（Frank 2014:180-181）。第3章で指摘し
た通り、フランスを中心に西欧諸国が米国に対して強い態度に出たことは、
同じくソ連との天然ガス協議を進める日本が米国から理解を引き出す上で
も大いに活用された。

　尚、結果としてソ連が西欧諸国に対して天然ガス供給を増やしたことは、
ソ連としても短期的な利益獲得には繋がった一方で、ソ連として東側諸国
に対する安価なガス供給が十分にできなくなることで東側陣営の結束が揺
らぐ原因となり、それが最終的に西側諸国の冷戦の勝利に繋がったとの指

摘もある（Frank 2014:181）。これは西欧諸国とソ連との間のエネルギー協力に難色を示した米国レーガン政権にとっては、一種の皮肉な結果となったと言えるだろう。

　一方で、西ドイツがソ連との間で新規の天然ガス購入契約を締結した翌月、1981年12月にはソ連がポーランドにおける労働組合弾圧のための戒厳令を支持したことを受け、米国は再び対ソ制裁を強めた。具体的には、第3章でも記載した通り、カーター政権が1980年10月に許可したソ連向け資機材輸出ライセンスを撤回し、GEやキャタピラといった米国メーカーに対して、米国企業が製造する機材及び米国ライセンスで製造する機材のソ連との取引を停止させた。

　こうした米国の制裁強化に対して、西ドイツは他欧州諸国や日本と連携して米国に対して制裁緩和を訴え続け、最終的に1982年10〜11月にかけて開催された西側7カ国の大使会議において「ソ連の天然ガスを購入するためのいかなる新規契約も署名されず、また承認されない」ことを西ドイツとして認める代わりに、レーガン大統領によって西側諸国の対ソ連ビジネスに対する制裁解除が発表されるに至った*116。西ドイツにとっても既にソ連との間で新規の天然ガス契約を締結していたため、更なる新規契約を放棄することは譲歩可能なポイントであった。この際も、大使会議を通じた米国への訴えであることが示す通り、基本的に対米説明は政府が前面に立って行っており、訴えの内容としては「民間主導の形」が強調されることは無いものの、「既存契約」については制裁対象外とすることを要請していることが分かる。西ドイツとして、フランスといった他欧州諸国と共に米国に対してある程度の発言力を有している状況にあることから、対米関係上「軍事的・エネルギー安全保障間のジレンマ」はそれほど強くならず、その結果、「民間主導の形」もそれほど強調されなかったと考えられる。

　以上のように1979年のソ連によるアフガニスタン侵攻、そして1981年のソ連のポーランド戒厳令に対する支持によって、米国による対ソ経済制裁が強化され、西ドイツのソ連との天然ガス協議に対する圧力も強まった。一方で西ドイツにとってソ連の天然ガスはエネルギー安全保障上重要なも

のであることから、西ドイツは米国を過度に刺激しないよう、ソ連との間も民間企業を介して協議を継続した他、イランで進めていた原子力発電所建設に関しては、米国の要請を受け入れて建設を凍結するなどして、最終的に米国の容認を得る形で1981年に西ドイツはソ連との間で新たな天然ガス輸入契約を締結することに成功した。このように西ドイツは米ソ・デタント崩壊の中で対米関係上の「軍事的・エネルギー安全保障間のジレンマ」を強めたものの、イランにおける原子力発電所建設凍結によって、そのジレンマを抑えると共に、「民間主導の形」を活用することでソ連との天然ガス協議合意を実現した。

　尚、その後の石油を巡る国際情勢は、日本の事例内でも指摘した通り、1980年代に入り非 OPEC 産油国の石油生産が順調に伸びていったことや、消費国において省エネが進んだことにより、石油を巡る需要と供給の関係が変化し、1986年に「逆オイルショック」と呼ばれる原油価格の暴落が発生した。これにより OPEC の世界の石油業界における影響力も決定的に低下し、石油は国際市場を通じて安価に調達できるようになっていった。

第5節　9.11.テロ以降のイラン・ロシアとのエネルギー協議

　続いて、比較的現代の事例として、9.11.テロ以降のドイツのイランとロシアとのエネルギー協議に関しても「軍事的・エネルギー安全保障間のジレンマ」と「民間主導の形」に着目して過程追跡を行う。

　2001年に米国で9.11.テロが起こると、米国ブッシュ（子）大統領はイランをイラク・北朝鮮と並ぶ「悪の枢軸」と非難し、イラン側もそれに呼応するように核開発を促進して国際社会に対する挑発を強めていった。前章で確認した通り、こうしたイラン核問題の深刻化と米国の日本に対するイラン・アザデガン油田開発への撤退圧力強化の中で、日本の政府と企業は「民間主導の形」を戦略的に強調しながら開発継続の可能性を探っていったが、最終的に2010年10月に日本企業はアザデガン油田からの完全撤退を余儀なくされた。そして米国は欧州石油会社にも同様に、対イラン制裁に同調しない場合の制裁対象リスト入りを示唆した結果、同年9月に英蘭シ

ェル、仏トタル、伊 ENI、ノルウェーのスタトイルがイランの石油開発投資からの撤退を決定した。

　ドイツはイランにおける目立った資源開発は行っておらず、ドイツにとってイランの経済・エネルギー上の存在感はそれほど大きくはないが、一方でイランにとってはドイツが最大の貿易相手国となっており、資源開発に重要な重機メーカーであるシーメンスや自動車メーカーのダイムラーをはじめとするドイツ企業がイランに進出していた。しかしながら、イラン核開発が深刻化し、米国による対イラン制裁が発動され、米国外企業も経済対象リストに加わる可能性が示される中で、シーメンスをはじめとするドイツ企業はイランからの撤退を決断している。その一方で、2015年7月にイランと P5+1（米英独仏中ロ）間で「包括的共同計画（JCPOA）」が合意される前後で、ドイツは逸早くイランとの間で経済協力協議を再開しており、2016年5月にはテヘランで開かれたイラン・ドイツ貿易会議において、150名以上のドイツ政府及び民間企業関係者が参加した上で、イラン経済副大臣との間で5件の協力覚書を締結した他、同年10月に同じくテヘランで開かれた第5回イラン・ドイツ経済委員会にも40名弱のドイツ企業代表が参加し、会期中に10件の事業に関する協力覚書が署名された。同協定は、金融、都市開発、石油、ガス、石油化学、再生可能エネルギー、鉄道、自動車、鉱業、環境と多岐にわたる分野が含まれている。ここからもドイツの政府・企業が連携してイランとの経済協議を進めていることが分かる。

　一方で、現代におけるドイツの資源開発を巡る問題としては、ロシアとの新たな天然ガスパイプライン、いわゆるノルド・ストリーム2の建設に関する事例が国際的に最も注目されている。本章で指摘した通り、ドイツにとってロシアはソ連時代より多くの天然ガスを輸入してきたエネルギー安全保障上の重要な存在である＊117。

　ドイツはソ連時代より主に現在のウクライナを経由するパイプラインで天然ガスを輸入してきた。そしてウクライナもまた欧州向けにパイプラインで送られる天然ガスの一部を安価で受け取っていた。しかしながらソ連崩壊後、ウクライナが独立すると、ロシアとの間でガスの未払が問題とな

り、ロシアとしてウクライナ向けのガス販売を停止することが頻発した。一方で欧州向けガスはウクライナを通過するパイプライン経由で送るしかなく、途中でウクライナが従来通りガスを抜き取る事態も多発するようになった。

　そこでドイツを中心とする欧州とロシアが協調する形で、2005年にウクライナを経由せずバルト海を経由するパイプラインであるノルド・ストリームの建設で合意し、ロシアのガスプロムやドイツの E.ON（旧 Ruhrgas）等が建設を進め、2011年に稼働開始に至った。これがノルド・ストリーム1である。尚、ノルド・ストリームに関しては、ドイツの首相を務めたシュレーダーが首相退任後の2006年に運営会社の役員に就任するなど、文字通りドイツ側も政府・民間双方が深く関与した。

　そしてドイツ政府が2011年3月の福島原発事故を契機に脱原発を決断したことから、ドイツのエネルギー安全保障上、ロシア産の天然ガスの重要性は更に高まり、ノルド・ストリームの輸送能力を倍増するためのノルド・ストリーム2プロジェクトの検討がドイツ・ロシア間で開始されることになった。ドイツの脱原発に関しては、2002年のシュレーダー政権の下で方針が決定されていたが、2005年に発足したメルケル政権の下で経済性の観点から稼働期間の延長が打ち出されていた。しかしながら2011年3月の福島原発事故によって、メルケル政権はその方針を転換し、同年5月に当時17基あった原発を2022年までに全廃することを決めた。この背景には、直前の議会選挙で脱原発を掲げていた緑の党が躍進していたことを踏まえたメルケル首相による政治的戦略の面も指摘されている。その後も同方針は変更されることなく、2021年3月にはドイツ政府として脱原発で生じる損害を補償するために国内電力会社に対して総額約24億ユーロの支払を決定するなど、着実に脱原発に向けた取組が進められている。

　また2011年当時は米国オバマ大統領とロシア・メドベージェフ大統領の間で新たな核軍縮契約が署名されるなど、米ロ関係が良好な状態にあり、ドイツを含む欧州各国もロシアとの間で政治経済関係を深化させていた。

　しかしながら2014年2月にクリミア危機が発生し、同年3月にロシアが国際的にウクライナ領土とされているクリミアを併合することを宣言すると、

米国、そしてそれに追随する形で EU は対ロシア経済制裁を実施するに至り、ドイツのノルド・ストリーム2構想も2015年1月に凍結が発表された。

　しかしながら、ドイツ含めた欧州諸国のエネルギー安全保障上、ロシアの天然ガスが重要であることは変わらず、2015年6月にノルド・ストリーム2の建設がロシアと関係欧州国であるドイツ、フィンランド、スウェーデン、デンマーク間で合意された。そして、事業性調査等を経て、2018年にドイツ政府の許可を得て建設工事が着工された。一方で、ロシアを脅威と見るポーランドやバルト3国等は対ロシア経済制裁を行う中での合意に対して反対を表明した。

　2017年1月に就任した米国のトランプ大統領もまた、就任当初こそロシアとの関係改善に意欲を示していたが、同年4月のシリア・アサド政権の化学兵器使用疑惑を巡ってロシアと対立するようになると、米国共和党の対ロシア強硬派も台頭し、同年8月にはロシアのエネルギー輸出パイプラインへの資金・技術供与に対する制裁を発動した。米国は更に2019年12月には、ノルド・ストリーム2を名指しする形で同プロジェクトに関わった企業への制裁を可能にする追加制裁を発動し、その時点でノルド・ストリーム2は94%完成していたが、建設中断を余儀なくされた*118。特に2019年の経済制裁に際しては、米国として自国のシェールガスを LNG の形で欧州向けに輸出拡大する意図を露骨に明らかにしており、政治と経済を密接に絡ませた政策が展開された*119。

　そうした中でも、ドイツは、ノルド・ストリーム2は自国のエネルギー安全保障上不可欠であるとの姿勢を崩すことなく、メルケル首相が「事業は民間のビジネスである」と強調して、純粋な経済活動に対して政治を絡ませることへの懸念を表明して、米国の容認を求め続けた*120。

　2021年1月に米国にトランプ政権に代わりバイデン政権が誕生すると、バイデン大統領も就任当初の3月には「直ちにパイプラインの作業を放棄すべきだ」とノルド・ストリーム2の完成に反対する意向を示していたが*121、5月に入ると、「（ノルド・ストリーム2に対する）制裁は欧州との関係を考えると非生産的だ」と述べ、米独関係の改善に向けてパイプライン建設完了はやむを得ないとして容認する方針を示した。この転換の背景に

は、バイデン政権として、ロシアに代わり中国をより大きな国際上の脅威として捉えていたことも指摘される＊122。その後、同年9月にロシアのガスプロムによってノルド・ストリーム2の完成が発表された＊123。

　以上のように西ドイツとソ連との間の天然ガスを介した関係は、冷戦終結後、それぞれドイツとロシアとなった後も、バルト海経由の天然ガスパイプラインであるノルド・ストリームを通じて継続された。特に2011年より協議が開始されたノルド・ストリーム2に関しては、2014年にロシアが国際社会の反対を押し切ってクリミアを併合すると、米国、そして欧州による対ロ経済制裁が発動され、ドイツ・ロシア間のノルド・ストリーム2に関する協議も一時的に凍結された。それでも2011年の福島原発事故を受けて脱原発を決定したドイツにとって、エネルギー安全保障上もノルド・ストリーム2は不可欠なプロジェクトであるとして、ドイツはメルケル首相が「事業は民間のビジネスである」点を強調しながら、米国の容認を求め続けた。このように現代ドイツの天然ガス調達においても、独立変数である「軍事的・エネルギー安全保障間のジレンマ」が強まると、従属変数である「民間主導の形」が強まることが観察された。

　尚、2022年2月のロシアによるウクライナ侵攻により、ドイツ・ロシア間の天然ガスを巡る動きも大きく変化した。この点に関しては終章で詳述する。

第6節　分析結果

　それでは本章における西ドイツ（ドイツ）のソ連（ロシア）との天然ガス輸入協議の過程追跡を改めて独立変数である「軍事的・エネルギー安全保障間のジレンマ」と従属変数である「民間主導の形」の変化に注意しながら整理する。

　第二次世界大戦後の西ドイツは、自国で豊富に産出される石炭を主力電源とし、石油産業に関しては、米国や英蘭の石油メジャーがドイツ国内市場でも高い存在感を持ち、西ドイツとして政府関与の度合いも低かった。一方で徐々に石炭から石油への転換が進む中で、西ドイツとして国内石油

資本のシェアの維持を図る必要性を認識するようになり、1969年に国内石油会社8社を統合する DEMINEX が政府関与を強化する形で設立された。また同年には西ドイツとしてのエネルギー調達多様化を目的に政府が前面に立ってソ連との間でパイプラインによる天然ガス輸入の協議も開始された。当時は米ソ・デタントが進んでいた時期であり、西ドイツにとって独立変数である対米関係上の「軍事的・エネルギー安全保障間のジレンマ」は強まらず、従属変数である「民間主導の形」も強調されることなく、政府が前面に立つ形でエネルギー業界再編やソ連との天然ガス協議が進められた。

　その後、第一次石油危機が発生し、従来の欧米メジャー経由での中東の安価な石油調達が困難になると、西ドイツにとってソ連の天然ガスの存在は更に重要となった。またソ連にとっても西ドイツに対する天然ガスの販売拡大に対する期待は高く、両国間の天然ガス協議は加速した。第一次石油危機は中東が震源地であったことから、この段階においては、西ドイツにとってソ連と天然ガス協議を進める上で対米関係上の「軍事的・エネルギー安全保障間のジレンマ」は強まらず、「民間主導の形」が強調されることもなかった。

　しかしながら、1979年にソ連がアフガニスタンを侵攻すると、米ソ・デタントは崩壊し、1980年には米国カーター政権により対ソ経済制裁が発動された。更に1981年にはソ連のポーランド戒厳令に対する支持によって米国レーガン政権が対ソ経済制裁を更に強化し、西ドイツのソ連との天然ガス協議に対する米国からの圧力も強まった。一方で第二次石油危機も発生する中で、西ドイツにとってソ連の天然ガスはエネルギー安全保障上、更に重要になっていたことから、西ドイツは米国を過度に刺激しないよう、ソ連との間も民間企業を介して協議を継続した。更にはソ連の天然ガスとは別にイランで進めていた原子力発電所建設に関しては、米国の要請を受け入れて建設を凍結し、最終的には撤退を決断した。その結果、米国の容認を得る形で1981年に西ドイツはソ連との間で新たな天然ガス輸入契約を締結することに成功した。このように西ドイツは米ソ・デタント崩壊の中で対米関係上の「軍事的・エネルギー安全保障間のジレンマ」を強めたも

のの、イランにおける原子力発電所建設凍結によって、そのジレンマを抑えると共に、「民間主導の形」を活用することでソ連からの天然ガス購入契約締結を実現した。

　西ドイツとソ連との間の天然ガスを介した関係は、冷戦終結後、それぞれドイツとロシアとなった後も継続された。特に国際的に注目されていたのが、ウクライナを迂回してバルト海経由で天然ガスを輸送するパイプラインであるノルド・ストリームに関する協議である。特に2011年より協議が開始されたノルド・ストリーム2に関しては、2014年にロシアが国際社会の反対を押し切ってクリミアを併合すると、米国、そして欧州による対ロ経済制裁が発動され、ドイツ・ロシア間のノルド・ストリーム2に関する協議も一時的に凍結された。それでも2011年の福島原発事故を受けて脱原発を決定したドイツにとって、エネルギー安全保障上もノルド・ストリーム2は不可欠なプロジェクトであるとして、ドイツはメルケル首相が「事業は民間のビジネスである」点を強調しながら、米国の容認を求め続けた。つまり、冷戦終結後のドイツにおいても、独立変数である「軍事的・エネルギー安全保障間のジレンマ」が強まると、従属変数である「民間主導の形」が強まることが観察された。

　このように、前章まで見てきた日本の3つの事例同様に、西ドイツ（ド

表5-1　西ドイツ（ドイツ）のソ連（ロシア）との天然ガス協議における変数の変化

	軍事的・エネルギー安全保障間のジレンマ（独立変数）	民間主導の形（従属変数）
協議開始時 （米ソ・デタント）	弱	弱
第一次石油危機	弱	弱
米国による対ソ制裁 （ソ連のアフガン侵攻）	強	強
米国による対ロ制裁 （ロシアのクリミア併合）	強	強

イツ）とソ連（ロシア）との間の天然ガス輸入協議においても、独立変数である「軍事的・エネルギー安全保障間のジレンマ」が協議開始当初の弱かった状況から、ソ連のアフガニスタン侵攻や、ロシアのクリミア併合によって、米国による経済制裁が強化されることで強まっていった。そして、これに応じる形で、従属変数である「民間主導の形」も、協議開始当初の政府が前面に立った段階から、「民間主導の形」が戦略的に強調されるようになった。

　本章における分析結果をまとめると表5-1の通りとなる。

　尚、前述の通り、2022年2月のウクライナ危機後のドイツの資源調達の動きに関しては終章にて分析する。

第6章

事例分析⑤

石油危機以降のイタリアの資源調達

第1節　事例の特徴

　本章では、日本の比較対象として前章の西ドイツに続いて、同じく第二
次世界大戦の敗戦国であるイタリアの石油危機以降のエネルギー政策を取
り上げる。これまでに指摘した通り、石油危機以降、日本が「民間主導の
形」を強調して米国とも敵対する国における資源調達を進めたのに対して、
欧州先進国は政府が前面に出る形で資源調達を進めた。特に顕著だったの
がフランスであり、政府主導で国営石油会社を強化し、直接アラブ諸国と
の関係深化に乗り出し、更には米国が提唱した IEA に対してもアラブ諸
国を刺激することになると真っ向から構想を否定して原加盟国としての参
加を見送った。また前章で分析した西ドイツは、石油よりも自国で採掘さ
れる石炭が主要燃料であったこともあり、石油に関しては受動的なアプロ
ーチをとり、フランスの主導する欧州の連帯構想に加わる一方で、米国が
提唱する IEA にも原加盟国として加入した。一方で、国内石炭の増産や
石炭・石油の代替エネルギーとしての天然ガス調達に関しては、政府が前
面に出る形で進めた。

　フランスや西ドイツ以上に石油依存が高かったイタリアもまた、政府と
国営石油会社である ENI が連携する形で石油調達並びにエネルギー調達
の多角化を進めた＊124。一方で西ドイツ同様、米国の要請を受けて IEA
には原加盟国として加入するなど、対米関係にも配慮した形でエネルギー
政策が進められた。本章では、石油依存度が高いという点で西ドイツより
も日本の立場に近いイタリアのエネルギー政策に関して、これまで同様、
独立変数である「軍事的・エネルギー安全保障間のジレンマ」と従属変数
である「民間主導の形」の変化に着目した過程追跡を行う。

Bini（2014）によれば、第二次世界大戦の敗戦国であるイタリアは、日本と西ドイツ同様に、戦後しばらくは石油メジャー経由で石油調達を進めたが、1950年代に国営石油会社 ENI が再興されると、従来のセブン・シスターズの慣行にとらわれない独自のアプローチで海外の石油・ガス権益を取得していった。そのアプローチとは、産油国側企業も経営に参加させたり、石油を受け取る代わりに技術供与を産油国に対して行ったりするものであり、産油国側にも歓迎され、1957年以降、イランや、リビア、チュニジア、モロッコといった国々と次々と石油開発契約を締結していった。セブン・シスターズはこうしたイタリアのアプローチを既得権益を侵す行為だとして批判したが、あくまで経済活動上の対立であり、イタリアにとって「軍事的・エネルギー安全保障間のジレンマ」を生じさせるものではなかった。唯一の例外として、1960年代にイタリア ENI がソ連から石油調達を行った際には、当時の米国ケネディ政権が ENI に対して取引を止めるよう要請したが、この際に ENI は「企業活動である」点を強調して米国側の圧力をかわそうとした。また最終的には ENI は米国からの石油調達も増やすことで、米国の容認を得る形でソ連からの石油調達を継続した（Bini 2014:150）。
　第一次石油危機が生じると、イタリアは日本同様、アラブ諸国から「友好国」ではなく、「非友好国」と区分され、親アラブを明言しなければ石油供給量削減の対象になると脅しを受けた。一方で、イタリアは米国からは消費国間での協調を求められた。そこでイタリアは米国から単独で批判を受けないように、欧州として連帯して親アラブを訴えるという戦略的な外交を展開する一方で、米国が提唱した IEA 構想に対しては、フランスが強硬に反対する中、西ドイツ等と共に一貫して支持を表明し、1974年に原加盟国として加入した。このような戦略的な外交を通じて米国にとってもイタリアは欧州との関係維持の上で重要な緩衝役となった。こうした中で、エネルギー調達においては、ENI を通じてサウジアラビアやアルジェリア、リビアといった産油国と直接交渉を行い、石油危機後の石油確保に奔走した。その後、1980年代に入ると、非 OPEC 産油国の石油生産が伸び、消費国においても省エネが進んだことにより、OPEC の影響力は

低下し、石油は市場を通じて安価に調達できるようになった。また冷戦終結に向けた動きも重なり、イタリアにとって米国との間で大きな対立が生じるような石油・ガス調達も見られなくなっていた。そして ENI に関しても、政府が影響力を行使する国営石油会社であるよりも、民間企業として収益性をより重視する方向性が良いのではという議論が出され、イタリア政府によって1992年に ENI の民営化計画が策定され、1998年に ENI は民営化された（橘川2004:4）。

　この ENI の民営化以降のイタリアの石油開発案件で国際政治状況に大きく左右された事例として、イランにおけるダルホビン油田開発がある。ENI は2001年に同油田に参画したが、その直後に生じた9.11.テロ並びに米国・イラン関係の悪化、更にはイラン核開発を巡る国際緊張といった国際情勢の変化によって、計画より1年遅れの2007年に生産を開始することになった。その後もイラン核問題は深刻化していき、ENI は最終的には2010年に同油田からの撤退を余儀なくされた。これは、日本が同時期に同じくイランとの間で進めたアザデガン油田を巡る事例に非常に似た経緯を辿っている。ここでも国際情勢の変化に応じてイタリアにとって対米関係上の「軍事的・エネルギー安全保障間のジレンマ」は変化し、「民間主導の形」も変化していくことになる。一方で、イタリアとして、外交面で欧州と米国の緩衝役を果たすことで、「軍事的・エネルギー安全保障間のジレンマ」を弱めて、企業による開発を円滑化しようとする動きも見られた。しかしながら最終的には、米国が外国企業も制裁対象とすることを辞さない姿勢を示すと、ENI としてリスクがとれないとして、撤退を余儀なくされた。

　このようにイタリアの事例においても、石油危機の発生時から冷戦終結後の現代に至るまで、独立変数である「軍事的・エネルギー安全保障間のジレンマ」が強まると、従属変数である「民間主導の形」が強まることが見て取れる。それでは次節以降でより詳細に過程追跡を行っていく。

第2節　産油国との直接取引拡大と石油メジャーの反発

　イタリアはエネルギー資源に乏しく、第一次石油危機以前より、安定的なエネルギー調達が課題となっていた。第二次世界大戦前においては、イタリアは米国と英国に石油、ドイツに石炭を依存していたことから、当時のムッソリーニ率いるファシスト政権はその構造を変革することを目指し、国営石油会社として Azienda Generale Italiana Petroli（AGIP）を1926年に設立し、イタリア北部に加えて、当時イタリアの植民地であったリビア、エリトリア、エチオピア、ソマリア、そして第一次世界大戦後に保護区となったアルバニアにおける石油探査を進めた。AGIP はイタリア国内にも製油所を増やしていき、国営企業としてイタリアの石油産業の中心となった（Bini 2014:146）。

　しかしながら、第二次世界大戦が勃発すると、AGIP の国内外の施設は連合国からの空爆等で破壊され、第二次世界大戦後には、AGIP はファシストが設立した企業であることを理由に、清算手続きが進められることになった（Bini 2014:147）。

　一方で、清算を任せられた元 AGIP のエンリコ・マッテイは、戦後イタリアを逸早く復興させるために、AGIP を解体するのではなく、その既存設備を活用する形で新たな国営石油会社を再建することを選択し、政治家に対する説得も行い、1953年に国営石油会社として Ente Nazionale Idrocarburi（ENI）を設立した（Bini 2014:147）。尚、AGIP という会社名は、ガス配給会社である Societa Nazionale Metanodotti（SNAM）と共に ENI の子会社として残ることになった（橘川2004:4）。そしてマッテイは ENI の CEO として石油だけではなく、天然ガスも含めて、戦後イタリアのエネルギー調達の中心的役割を担うこととなった。

　米英仏の石油メジャーが既に世界各地で石油権益を確保している中、後発組となった ENI は石油権益を拡大していくために画期的な戦略を展開した。具体的には、産油国側企業に過半数の出資比率を認め、これまでのメジャーの搾取的とも言える石油開発からの脱却を訴える戦略をとった。こうした ENI のアプローチは当然ながら産油国に歓迎された。ENI は1957

年にイランの国営石油会社 NIOC との間で、利益配分をイラン75％、ENI25％とする合弁契約を締結し、更にリビア、チュニジア、モロッコと相次いで石油開発契約を締結していった（Bini 2014:147）。尚、同じく1957年に日本のアラビア石油がサウジアラビアの利益分配率を56％とする形でカフジ鉱区の権益を取得しているが、これも ENI と同様に石油開発の後発組として、従来のメジャーとは異なるアプローチで権益を獲得したものであった。

　更に ENI は、産油国側に対して技術を提供する代わりに生産される石油を対価として受け取るという仕組みも開始している。例えば ENI は「資源大学」をミラノに設立し、イランやリビア等、開発国から留学生を受け入れることで、人的ネットワークの維持・拡大を図っている。また1958年には ENI のマッテイ CEO が自らソ連のフルシチョフ第一書記と交渉を行い、ENI としてゴムや鉄をソ連に供給し、ウラルから東ドイツまでのパイプライン建設を受け持つ代わりに、ソ連から5年間にわたり安価な石油を受け取る協定を締結している（Bini 2014:148-151）。

　このようにイタリアは国営企業である ENI を通じて、1950年代より独自に産油国と交渉し、安価な石油調達を進めていった。こうしたイタリアの取組により、世界の原油実勢価格も低下したため、セブン・シスターズはこれに適応するために1959年、60年と相次いで原油の公示価格を産油国側に事前相談の無いまま引き下げた。こうした価格引き下げは産油国として石油メジャーからの税収が減少することを意味していた。そこで1960年9月、イラク、イラン、クウェート、サウジアラビア、ベネズエラの5カ国は産油国側が連携してメジャーと対抗することを目的として石油輸出国機構（OPEC）を設立した*125。

　このようにイタリア国営石油会社である ENI を通じた革新的な資源調達は、旧来のメジャーの産油国における影響力を低下させることに繋がり、当然ながらメジャーからは強い懸念が示された。その一方で、これらはあくまで経済活動における緊張関係に留まり、イタリアにとって対米関係上の「軍事的・エネルギー安全保障間のジレンマ」を強めたものではなかった。

　一方で例外としては、前述の1958年の ENI によるソ連からの石油調達

であり、これに対しては1961年に米国ケネディ政権のラスク国務長官が ENI のマッテイと直接面談し、ソ連から石油を購入しないよう要請している。これに対して、マッテイは企業に対する介入を非難し、その要請を拒否したため、翌年、米国国務省は米国企業であるニュージャージー・スタンダード石油を通じてマッテイの説得を試みている。尚、マッテイは同年10月に自家用飛行機の墜落により事故死し、その後 ENI は、ソ連からの石油購入は継続しつつも、米国メジャーからの石油購入を増やすなどして、対米関係の改善も図るようになった（Bini 2014:150-151）。

　一方で、その後も ENI は独自のエネルギー調達を進め、1967年に第三次中東戦争が勃発すると、スエズ運河を通過せずに輸入可能なリビアやソ連との間で新たな石油契約を締結した。またマダガスカル、コンゴ、アルゼンチン、コロンビア、インドネシア、タイ、トリニダード・トバコといった OPEC 加盟国ではない産油国における開発権も取得した。こうした取組により ENI の石油権益は1962年の370万トンから1971年には1,050万トンまで拡大した＊126。

　ENI は更に石油だけなく、天然ガスへの投資も進め、1969年にはソ連に対して ENI が自動車や石油化学といった工場建設支援を行う代わりにソ連から20年間、天然ガスを安価で購入する契約を締結し、翌1970年にはソ連の天然ガスをオランダ、西ドイツ、スイス経由でイタリアに運ぶためのパイプラインの建設も開始した。ENI は更に、1969年にカダフィによる軍事クーデターが起こったリビアとの間でも、50％：50％の出資比率を認めると共に、石油化学プラントや製油所の建設の支援を行う対価として石油と天然ガスの供給を受ける契約を締結している（Bini 2014:153-154）。

　このように ENI は欧米メジャーとの決定的な対立は回避しつつも、これまでの慣例を打破する形で、資源ナショナリズムが高まりつつあった産油国との間で直接的な関係を構築し、石油・ガス権益を拡大していった。

　以上のように第二次世界大戦後から第一次石油危機が発生するまでの期間においては、権益拡大を図る ENI によって革新的なアプローチが展開され、メジャーの反発はあったものの、その反発は経済分野に限定され、イタリアにとって対米関係上の「軍事的・エネルギー安全保障間のジレン

マ」は強くならず、「民間主導の形」も強調されることなく、国営企業である ENI 主導で資源調達が進められた。また ENI がソ連から石油を購入した際には、米国国務省から調達を中止するよう要請され、イタリアとして「軍事的・エネルギー安全保障間のジレンマ」が強まったが、ENI のマッテイは米国に対して「企業に対する介入」であると懸念を表明し、「民間主導の形」を強調して米国の圧力をかわそうとした。

第3節　第一次石油危機以降の戦略的外交の展開

　1973年10月の第一次石油危機は、一次エネルギーに占める石油の割合が7割超と極めて高かったイタリアにとって非常に大きな出来事であった。特にイタリアの懸念を強めたのが、アラブ諸国がイタリアを日本や西ドイツと共に「非友好国」とし、明確なアラブ支持の表明をしない限り石油輸出量の制限を行うと宣言したことであった。石油の禁輸対象とされた米国やオランダと同等の「敵対国」認定まではではなかったが、アラブ側に武器輸出をしていたことで「友好国」とされたフランスや英国とは一線を画された形となった。

　これに対してイタリア政府は、米国より単独で批判を受けないよう、欧州として連帯して親アラブを訴えてアラブ諸国からの石油調達を確保するという戦略を展開した。具体的には当時の外務大臣であったモロの精力的な働きにより、欧州共同体（EC）*127として11月6日にイスラエルを名指しして非難する声明を発表し（池上 2014:147）、これによりアラブ産油国からの更なる制限措置を免れた。更に同年12月にコペンハーゲンにて開催された欧州サミットにおいても、モロ外相は欧州として連帯して石油危機に対処する重要性を訴え、イタリアとエネルギー資源開発の点で関係の深いアルジェリア、チュニジア、スーダンからも欧州サミットに特使を派遣させることに成功している。こうした動きに対して、米国キッシンジャー国務長官はモロ外相との個別会談の際に、欧州は米国に反対する姿勢を明確にしていると厳しく批判したが、イタリアのみを個別に批判することはなかった（Bini 2014:156）。

更にモロ外相は米国とアラブ双方に対して戦略的な外交を展開した。具体的には、1974年1月末よりサウジアラビアやアルジェリアを訪問して、それぞれヤマニ石油相やアブデサラム石油相と会談し、イタリアによる技術供与の対価として石油供給を受け取ることに基本合意をした上で、2月には米国における消費国によるエネルギー会議に参加して米国の IEA 構想に対する支持表明を行った（Bini 2014:156）。米国としてもフランスが IEA 構想に対してアラブ諸国を刺激するとして反対する中、IEA 構想に賛同するイタリアは欧州との連携の上でも重要な存在であり、イタリアによる産油国との直接的な関係構築に対しては、容認の姿勢をとり、強硬に圧力をかけることはなかった。

　実際、ENI は第一次石油危機以降、アルジェリア国営石油会社ソナトラックとの契約をはじめとして、リビア、サウジアラビア、イラクとの間で石油開発契約を締結していった。こうした契約においては、ENI はメジャーと一線を画すアプローチとして、産油国の経営への参入を認め、更にイタリア側から石油化学やパイプライン敷設といった技術供与を行う対価として安価な石油やガスの供給を受けることが合意されていた。例えば、アルジェリアとの契約では、前述の ENI の子会社としての SNAM とアルジェリアのソナトラックからなる会社が設立され、アルジェリアからチュニジアを通ってシチリアまで伸びるパイプライン（TRANSMED）の建設を請け負う代わりに、イタリアはアルジェリアより年間12.36tcm の天然ガスを1981年から20年間輸入する権利を取得した。またリビアとの契約では、イタリアは年間3,000万トンの石油を輸入する代わりに、リビア人技術陣の訓練や、イタリア企業によるリビアの産業化への関与、特に石油化学と肥料プラントの建設や、農業発展プロジェクトといった支援を行うことが合意された（Bini 2014:157）。

　このように第一次石油危機以降、イタリア政府による米国と欧州の緩衝役としての戦略的な外交を通じて、イタリアは米国からのエネルギー政策に対する圧力を抑えながら、国営石油会社である ENI を通じて相次いで産油国との直接的な契約を締結していった。つまり独立変数である対米関係上の「軍事的・エネルギー安全保障間のジレンマ」は強まったものの、

外交を通じて抑えられ、その結果、従属変数である「民間主導の形」も強まらなかったことが観察された。

　その後、1980年代に入り、イタリアが資源開発を行った非 OPEC 産油国の石油生産が順調に伸びていったことや、消費国において省エネが進んだことにより、世界の石油需要に対して供給が上回るようになっていった。こうした中で、原油価格を維持するために自国のシェアを犠牲にする形で大幅な減産を行う「調整役」を担ってきたサウジアラビアが、その財政負担に耐えきれなくなり、1985年12月にその役割を放棄することを宣言し、1986年に大幅な石油増産に転じた結果、原油価格は約30ドル／バレルから約15ドル／バレルに急落した。このいわゆる「逆オイルショック」が起こると、OPEC の影響力も決定的に低下し、石油は市場を通じて安価に調達できるようになっていった。また1980年代後半は冷戦終結に向けた動きも重なり、1970年代のように米国との間で大きな対立が生じるような ENI による石油・ガス調達も見られなくなっていた。つまり、「逆オイルショック」を契機に、石油危機によって政治化した石油の調達が再び非政治化していったと言える。

　そして1990年代に入ると、イタリア経済は低迷し、国家財政も逼迫したことに加えて、政界汚職も問題になる中で、国営企業に対する政府支援の是非に関する議論も高まった。更に欧州委員会が政府による国営企業に対する無認可支出に批判を高めていたことも、国営企業の民営化論に拍車をかけた。その結果、ENI に関しても、イタリア政府によって1992年に段階的に民営化する方針が打ち出され、民間に株式が売却されていった。

第4節　9.11.テロ以降のイラン油田開発を巡るジレンマ

　民営化された ENI にとって、日本のイラン・アザデガン油田と同時期に似たような経緯を辿ることになったのがイラン・ダルホビン油田を巡る交渉である。

　ENI は9.11.テロが起きる直前である2001年6月にイラン国営石油会社（NIOC）との間でイラン南西部、イラクとの国境に近いダルホビン油田

の開発契約を調印した。ENI が60％、NIOC が40％を出資し、約10億ド
ルをかけて開発し、最終的に日量16万バレルの原油生産を計画していた。
合意に際しては、1996年のクリントン政権下で成立したイラン・リビア制
裁法（ILSA）が2001年8月に更新を予定していたが、当時は、同制裁法の
適用事例もなく、事実上形骸化していると言われていた＊128。実際に1998
年の米国・EU サミットにおいても、米国は「武器拡散とテロ取締につい
て EU とハイレベルな協力関係にある限り、ILSA に基づく制裁を行わな
い」と述べていた＊129。そして ENI のダルホビン油田に関する契約に対
しても、米国はバウチャー報道官が「この契約報道に重大な懸念を感じて
いる」と表明する一方で、撤退までは求めておらず＊130、イタリアに対す
る圧力は抑制されていた。尚、ENI のグロスピエトロ社長も契約締結後
の2001年7月のラジオインタビューにおいて、「（米国の ILSA は）外国企業
に米国の外交方針を強いるものだ」として米国に対して ILSA を適用しな
いよう求めている＊131。

　しかしながら、契約締結後に発生した9.11.テロ、そして翌2002年1月の
ブッシュ（子）政権の一般教書演説におけるイランに対する「悪の枢軸」発
言によって、ENI のイランにおけるダルホビン油田開発を巡る環境も厳
しさを増していく。しかしながら、当時のイタリア・ベルルスコーニ政権
は、日本の小泉純一郎政権が自衛隊派遣をしたように、ブッシュ（子）政権
のテロとの戦いを全面的に支持してきたこともあり、ダルホビン油田開発
に対して米国より強い圧力がかかることはなく、ENI による油田開発は
進められた。

　しかし2005年8月にはイラン大統領が穏健派のハタミから保守強硬派の
アフマディネジャドに代わり、ウラン濃縮施設の再稼働を行うなどして、
米国との対決姿勢を強めた。イランはその後も、国際的な核開発停止の要
求に一向に応じず、2006年4月には、低濃縮ウランの製造に成功したと宣
言した。これを受けて、国連安全保障理事会は、イラン政府に対して、ウ
ラン濃縮活動を停止しない場合、経済制裁を発動すると警告する決議を採
択するが、イランは徹底拒否の姿勢をとった。こうしてイランを巡る米国
からの圧力は更に強まっていき、日本の場合は、同時期に北朝鮮が相次い

でミサイル発射と核実験を行い、米国の軍事的安全保障における重要性が
高まっていたこともあり、2006年10月にアザデガン油田の権益を大幅に縮
小するという決定を行った。イタリアの場合は、北朝鮮問題は地理的な関
係からも日本ほど大きな問題ではなかったこともあり、日本ほど強く「軍
事的・エネルギー安全保障間のジレンマ」が生じる状況ではなかった。

　実際に、ENI はイラン・ダルホビン油田の開発に関して、当初計画よ
りも1年程遅れたものの、日本のように権益縮小を行うことなく、2007年2
月に本格生産に至っている。尚、当初予定よりも1年ほど遅れた背景に関
しては、ENI として明示してはいないが、イラン側との契約条件を巡る
論争やイラン側からの干渉による収益性の観点からのものと指摘されてお
り、米国による政治的圧力とはされていない＊132。

　一方で、2006年12月に国連安全保障理事会はイランに対する経済制裁決
議を採択し、更に翌2007年3月には追加制裁決議を採択したものの、イラ
ンはウラン濃縮活動の即時停止に応じず、事態は深刻化していった。その
後も、5月に米国・イラン間で1980年のテヘラン米国大使館人質事件以来
初となる直接協議が実施されたが、核問題に関して進展することはなく、
10月に米国が単独でイランに追加制裁を行うに至った。同制裁は、核開発
や弾道ミサイルの脅威、イラクでの反米テロ支援活動を理由とし、イラン
革命防衛隊や軍関連組織を対象に、それらとの取引を制裁対象とするもの
であった。また同制裁は、他国の政府や企業に対しても対イラン投資を踏
み留めさせることを目的としており、1980年の米国・イラン間の断交以来
最も厳しい追加制裁となった。

　その後、同年11月、そして翌2008年2月の IAEA による査察報告書にお
いて、イランにおいて核物質の軍事転用は無いとの認定が行われたものの、
国連安全保障理事会が求めるイランによるウラン濃縮活動の停止は行われ
ず、結局、同年3月には3度目となる制裁決議が採択された。これに対して
イランは同年4月にウラン濃縮を拡大し、更に7月には弾道ミサイル発射実
験を行った。

　その後、2009年1月に米国にオバマ大統領が誕生すると、就任当初はイ
ランとの対話路線を掲げた。こうした状況下、同年5月に ENI はイラン・

ダルホビン油田に関して更に15億ドルをかけて生産量を日量26万バレルまで拡張することを決定した*133。

　しかしながらイランは同年6月に大統領選挙を控えており、再選を目指す現職の保守強硬派のアフマディネジャド大統領は、国内保守層からの支持を盤石なものにするために、ウラン濃縮活動の拡大を宣言するなど、国際社会に対する挑発を続けた。

　結果的に2009年6月のイラン大統領選ではアフマディネジャド大統領が再選されたが、不正があったとして対抗候補であったムサビ元首相ら改革派による異議申し立てが起こった。その際にアフマディネジャド大統領は民衆デモを弾圧したため、人権重視を唱えるオバマ大統領や欧州からのイランに対する非難が一層高まることになった。

　その後も、同年9月にオバマ大統領主導で国連総会にて「核なき世界を目指す」旨の決議が採択されると、イランは同月にミサイル発射実験を行うなど挑発を続けた。こうした中、同年10月からは、国連安全保障理事会の常任理事国（米英仏露中）にドイツを加えた P5+1 とイランとの間で核問題を巡る協議が行われ、イランが製造した低濃縮ウランをロシアとフランスで高濃度に濃縮してイランに戻し、医療用研究炉で使用する計画等が妥協案として協議された。しかしながら、イラン側は自国内でのウラン濃縮を強固に主張し、実際に翌2010年2月からは濃縮実行を発表するなど、イランと P5+1 との協議は難航した。

　こうした膠着状況を受けて、当初は対話による解決を目指した米国オバマ政権もイランに対する圧力強化に転じることとなり、2010年6月にはオバマ政権では初、累計で4度目となる対イラン制裁が国連安全保障理事会で採択された。これに対してイランが IAEA の査察官に対する入国禁止措置で対抗すると、翌7月に米国は独自の制裁法を成立させ、イランに石油製品を輸出した米国外の企業を制裁の対象とした。EU もこれに続く形で独自の経済制裁として、イランにおける石油・ガス関連分野への投資や技術供与の禁止、そして EU とイラン間の船舶・航空による輸送手段の制限を行った。

　こうした EU 側の経済制裁に対して米国側は不十分であるとして、イラ

ンの油田からの完全撤退を欧州や日本の企業に強く求めるようになった。これにより、2010年9月末に英蘭シェル、仏トタル、ノルウェーのスタトイルと同様に、ENIもイランのダルホビン油田からの撤退を決定した*134。その翌月には日本のINPEXもイラン・アザデガン油田からの撤退を発表している。その結果、いずれの企業も米国からの制裁対象リストに載ることはなく、イラン以外の資源開発への影響を最小化することに成功している。

　その後、2013年8月にイラン大統領に穏健派のロウハニが就任したのを契機に再び核開発を巡る協議は再開され、2015年7月にはイランとP5+1との間で「包括的共同行動計画（JCPOA）」が合意された。JCPOAにおいては、イランが濃縮ウランや遠心分離機を削減する代わりにイランへの経済制裁を段階的に解除することが合意された。こうした状況改善の中で、ENIは逸早くイランとの間でダルホビン油田開発に関する協議を再開し、2017年6月に事業性調査再開の契約を締結している*135。

　その後もイラン核問題を巡っては、米国トランプ政権が2018年5月にJCPOAからの離脱を発表し、協議が停滞することになるが、2021年1月に発足した米国バイデン政権は再びイランとの交渉の意思を示すなど、ここ数年を見ても大きく状況が二転三転している。

　以上のように、ENIによるイラン・ダルホビン油田開発を巡っては、同時期に展開された日本のINPEXによるイラン・アザデガン油田開発と同様に、国際情勢の変化に大きく影響を受けた。2001年6月の参画後に発生した米国における9.11.テロにより、2002年1月に米国ブッシュ（子）政権がイランを「悪の枢軸」として非難するなど、米国・イラン間の緊張関係が高まり、米国はイタリアによるイラン・ダルホビン油田開発に対しても懸念を強めた。一方で、当時のベルルスコーニ政権は欧州内で対米方針が二分される中でも、一貫して米国を支持することで、これまで通り米国と欧州を繋ぐ緩衝役としての存在感を維持した。これにより米国から事実上黙認される形で、ENIはダルホビン油田開発を進めていき、2007年2月には本格生産に至った。その後もイランの核開発を巡る問題は深刻化していき、国連安全保障理事会による制裁が積み重ねられていったものの、2009年1

月に米国にオバマ政権が誕生し、イランとの対話路線を掲げて緊張緩和の兆しが見えると、同年5月にENIはイラン側とダルホビン油田の拡張で合意した。しかしながら、その後、イランは国際社会の反対を押し切って核開発を進めたため、オバマ政権はイランに対する圧力強化に転じ、国連安全保障理事会における対イラン制裁採択を主導し、更に米国単独での制裁も実施するに至った。そして米国は、欧州や日本に対しても制裁への同調を求め、外国企業に対しても米国として制裁すると警告した。こうした中で、ENIは企業として米国の制裁リスクに対処できないとして、2010年9月にダルホビン油田より撤退した。米国の対イラン制裁の圧力が個別の外国企業にも適用されるようになったことから、これまでENIが強調してきた「民間の経済性」という論理が通用しなくなり、撤退を余儀なくされたと言える。一方で、その後、イラン核問題の改善の兆しが再び見られ始めると、ENIとして逸早くイランとの間でダルホビン油田の協議を再開している。ENIとしてもイラン・ダルホビン油田の収益性は高く評価している一方で、対米関係上の「軍事的・エネルギー安全保障間のジレンマ」に対処する上で「民間主導の形」が通用しなくなってきている状況において、どのような対応が有効なのか、大きな企業課題として苦慮していることが窺える*136。

第5節　分析結果

　それでは本章におけるイタリアのエネルギー政策の過程追跡を改めて独立変数である「軍事的・エネルギー安全保障間のジレンマ」と従属変数である「民間主導の形」の変化に注意しながら整理する。

　第二次世界大戦後、敗戦国として日本や西ドイツと同様にイタリアもまた米英の石油メジャー経由で石油を調達するようになった。一方、戦前の国営石油会社であるAGIPは清算することが決まっていたが、清算を任された元AGIPのエンリコ・マッテイがイタリアにとって自前でエネルギー調達を行う国営石油会社の重要性を政治家に対して訴えた結果、1953年に国営石油会社であるENIとして再興されることになった。そしてマッテ

イ率いる ENI はメジャーが既に世界各地で石油権益を確保している中で、後発組として石油権益を拡大していくため、これまでメジャーが認めてこなかった産油国企業の過半数出資や、石油の対価としての産油国に対する技術供与等を通じて、産油国の成長にも資する革新的なアプローチを展開し、権益を拡大していった。こうした革新的なアプローチは、既存権益を有するメジャーからは産油国のナショナリズムを刺激する行為であるとして強い懸念を示されたが、イタリアとして対米関係の上で「軍事的・エネルギー安全保障間のジレンマ」を強めることはほとんどなく、国営企業である ENI を通じた積極的な資源調達が進められ、「民間主導の形」が強調されることもなかった。一方で例外としては、ENI が1958年にソ連から石油調達を行った際に、米国ケネディ政権の国務長官が ENI のマッテイに対して調達中止を要請しているが、その際にマッテイは「企業に対する介入」であるとして懸念を表明した。これはイタリアにとって対米関係上の「軍事的・エネルギー安全保障間のジレンマ」が強まったために、「民間主導の形」が強調された例と言えるだろう。結局、その後、マッテイは飛行機事故で死亡するが、ENI として米国メジャーからの石油調達も増やすことで、ソ連からの石油調達に関して米国側からの容認を引き出している。

　その後、1973年に第一次石油危機が生じると、イタリアはアラブ諸国から「友好国」ではなく「非友好国」とされ、石油調達継続の上で明確なアラブ支持を求められた。一方で米国からは欧米の連帯を求められるという状況に追い込まれた。これに対してイタリア政府は、米国から単独で批判を受けないように、欧州として連帯して親アラブを訴えるという戦略を展開する一方で、米国が提唱した IEA 構想に対しては、フランスが強硬に反対する中、西ドイツと共に一貫して支持を表明し、原加盟国として加入した。これにより米国にとってイタリアは欧州との関係維持の上で重要な緩衝役となり、このことがイタリアのエネルギー調達に対する米国からの圧力を抑制することに繋がった。そしてイタリアは対米関係上の「軍事的・エネルギー安全保障間のジレンマ」を抑えることで、「民間主導の形」を強調することなく、国営石油会社である ENI を通じて、サウジアラビ

アやアルジェリア、リビアといった産油国と直接交渉を行い、石油調達を進めていった。

　1980年代に入ると、イタリアも資源開発に関与した非 OPEC 産油国の石油生産が順調に拡大し、更に消費国においても省エネが進んだことにより、世界の石油需要に対して供給が上回るようになっていった。そして、これまで原油価格を維持するために自国のシェアを犠牲にする形で大幅な減産を行う「調整役」を担ってきたサウジアラビアが、その財政負担に耐えきれなくなり、1985年12月にその役割を放棄することを宣言し、1986年に大幅な石油増産に転じた結果、原油価格が急落する「逆オイルショック」が生じた。その結果、OPEC の影響力も低下し、石油は市場を通じて安価に調達できるようになった。また冷戦終結に向けた動きも重なり、イタリアにとって米国との間で大きな対立が生じるような石油・ガス調達も見られなくなっていった。そしてイタリアの財政難の問題もあり、国営石油会社である ENI に関しても、1992年に民営化計画が策定され、1998年に ENI は正式に民営化された。

　民営化された ENI は2001年6月にイランとの間でダルホビン油田開発に合意した。しかし、その3ヵ月後に米国において9.11.テロが発生し、翌2002年1月には米国ブッシュ（子）政権が一般教書演説においてイランを「悪の枢軸」として非難し、ダルホビン油田開発を巡る環境も厳しいものになった。一方で、当時のイタリア・ベルルスコーニ政権は、欧州内で対米方針が二分される中でも、一貫して米国ブッシュ（子）政権を支持することで、これまで同様、イタリアは米国にとって欧州における重要な緩衝役となった。

　こうして米国からの圧力を外交努力で一定程度に抑えながら、ENI はダルホビン油田の開発を進めていき、2007年2月に本格生産に至った。その後もイランの核開発を巡る問題は深刻化していき、国連安全保障理事会による制裁が積み重ねられていったものの、2009年1月に米国にオバマ政権が誕生し、イランとの対話路線を掲げて緊張緩和の兆しが見え始めると、同年5月に ENI はイラン側とダルホビン油田の拡張で合意した。その後、イランは核開発を押し進めたため、オバマ政権はイランに対する圧力強化

に転じ、国連安全保障理事会における対イラン制裁採択を主導し、更に米国単独での制裁も実施するに至った。そして欧州や日本に対しても同調を求め、更に外国企業に対しても米国の制裁対象にすると警告した。こうした中で、ENI は企業として米国の制裁リスクに対処できないとして、2010年9月にダルホビン油田から撤退した。このように、米国の対イラン制裁の圧力が個別の外国企業にも適用されるようになったことから、これまでENI が強調してきた「民間の経済性」という論理が通用しなくなってきていることも観察された。

　以上のように、これまでの日本の3つの事例とドイツの事例同様に、イタリアのエネルギー政策においても、独立変数である「軍事的・エネルギー安全保障間のジレンマ」と従属変数である「民間主導の形」には正の相関関係が見られた。一方でイタリアの場合は、日本と同様にエネルギー小国であり、米国に軍事的に依存している点では共通するものの、イタリアはフランスといったエネルギー政策では米国に対抗する姿勢をとってきた国と、米国との間の緩衝役としての役割を担うことで、米国からのイタリアのエネルギー調達に対する圧力も抑えていた実態が観察された。そのため、今回の事例でも、日本の事例に比して、対米関係において「軍事的・エネルギー安全保障間のジレンマ」が強まった場面が少なく、米国に対して「民間主導の形」を強調するケースも少なかった。一方、日本のアザデガン油田の事例でも指摘した通り、米国による対イラン制裁に外国企業の活動を制限する内容が含まれたこともあり、対米説明において「民間主導の形」を強調することの効果が減退しており、結果として、米国からの強い要請に押される形で、ENI はダルホビン油田からの撤退を余儀なくされた。

　本章における分析結果をまとめると表6-1のようになる。

表6-1　イタリアのエネルギー政策における変数の変化

	軍事的・エネルギー安全保障間のジレンマ（独立変数）	民間主導の形（従属変数）
ENI が産油国と直接関係を構築し、石油権益を拡大（欧米メジャーの脅威に）	弱 （経済的圧力のみ）	弱 （政府・国営企業連携）
ENI がソ連より石油調達	強 （米国国務省より圧力）	強 （企業活動であると強調）
第一次石油危機以降、ENI はアラブ産油国と直接協議で石油調達	中 （米国懸念も、イタリアは欧州との緩衝役であり、圧力は抑制）	中 （基本は企業の経済性に基づき権益拡大するが、米国からの石油調達を増やすなど一定の政治的配慮）
ENI(民営化)としてイラン・ダルホビン油田に参画＋追加出資	中 （外交努力で米国からの圧力を抑制）	中 （民間企業としてのENIを通じたイランとの協議）
ダルホビン油田開発に関して、米国による ENI の制裁リスト化の可能性	強	「民間主導の形」の効果が減退し、撤退

終　章
❖
結論とウクライナ危機後の資源調達

第1節　分析結果の総括

　本書では、「石油危機以降、日本政府としてエネルギー安全保障を軍事
的安全保障と並ぶ国家課題としたのにもかかわらず、なぜ日本のエネルギ
ー調達は民間主導の形なのか」という問いに答えるため、「軍事的・エネ
ルギー安全保障間のジレンマ」が強くなるほど、「民間主導の形」が強調
されるようになるという仮説を立て、その実証を行った。事例対象として
は、日本に関する1970〜80年の事例としてのイラン・IJPC 石油化学プロ
ジェクトとサハリン天然ガスプロジェクト、2000年代の事例としてのイラ
ン・アザデガン油田プロジェクト、そして比較対象として西ドイツによる
1970〜80年代のソ連との天然ガス協議と、統一後のドイツによる2000年代
のロシアとの天然ガス協議、そしてイタリアによる第一次石油危機前後の
石油調達や冷戦終結後のイラン・ダルホビン油田プロジェクトを取り上げ
て、その過程追跡を行った。

　日本、西ドイツ（ドイツ）、イタリアそれぞれに関して、石油危機前後
の1970〜80年代の事例と、冷戦や9.11.テロ以降の現代の事例の双方を分
析対象として取り上げた理由は、エネルギー調達における「民間主導の
形」に関する歴史的要素を統制変数として過程追跡を行うためである。こ
れにより、日本のエネルギー調達における「民間主導の形」は、日本特有
の「民間主導の歴史」に起因するものではなく、西ドイツ（ドイツ）やイ
タリアにおいても一定の条件下で強弱が引き起こされる、より普遍的な形
であることを実証することを目指した。

　また日本の比較対象として西ドイツとイタリアを取り上げた理由は、ま
ずいずれの国も第二次世界大戦の敗戦国として軍事的・エネルギー安全保
障両面で米国に依存する一方で、石油危機以降は米国メジャーからの石油

調達が困難となり、独自に米国と敵対する国からの資源調達を余儀なくされた、という共通点があるからである。これは言い換えれば、いずれの国も石油危機以降、「軍事的・エネルギー安全保障間のジレンマ」が生じる環境に陥ったということである。もう一つの理由は、西ドイツとイタリアの石油危機以降のエネルギー調達は基本的に政府が関与を強化し、国営企業主導で行われた、という日本との相違点もあるからである。加えて、西ドイツとイタリアに関しては、軍事・エネルギー双方で欧州域内の枠組が存在するという日本との相違点もある。更には、日本とイタリアは資源小国であり、海外からの石油に対する依存が高い一方で、西ドイツは自国で石炭が産出され、石油に対する依存が比較的小さいという相違点もあった。

　そのため、こうした共通点と相違点を踏まえた比較検証を通じて、本書の仮説における独立変数・従属変数の分散をより精緻に観察することが可能になる。以上の3国の重要な共通点・相違点をまとめたのが表7-1である。

表7-1　日本・ドイツ・イタリアの共通点・相違点

	敗戦国（後発組）	石油依存高	地域枠組（軍事・経済）
日　本	○	○	×
ドイツ	○	×	○
イタリア	○	○	○

　そして本書における一連の過程追跡を通じて、独立変数である「軍事的・エネルギー安全保障間のジレンマ」と従属変数である「民間主導の形」の間の正の相関関係が実証された。具体的には以下の通りである。

（1）イラン・IJPC石油化学プロジェクト

　参画協議が開始された際のイランは親米パフラヴィー政権であり、日本にとって対米関係上の「軍事的・エネルギー安全保障間のジレンマ」は無く、日本政府もイランとの協議に積極的に関与し、「民間主導の形」も弱かった。その後、イラン・イスラム革命が発生した際も、米国は新政権の承認はしなかったものの、イランに対する制裁や断交措置は実行しておらず、日本にとっての「軍事的・エネルギー安全保障間のジレンマ」もそれ

ほど強まらなかった。そして日本政府による IJPC プロジェクトに対する出資、いわゆるナショナル・プロジェクト化が実行されるなど、「民間主導の形」も強まることはなかった。しかしながら、テヘラン米国大使館人質事件が発生し、米国が対イラン制裁及び断交を実行するに至り、日本がIJPC プロジェクトを進める上で「軍事的・エネルギー安全保障間のジレンマ」が強まった。日本は米国に対して IJPC プロジェクトはあくまで民間事業であり政府の関与するものではない点を強調、つまり「民間主導の形」を強調することで、米国からの理解を求めた。その後のイラン・イラク戦争の発生以降も、日本として状況改善を見ながら工事再開を目指す方針を維持している限りにおいて、同様に日本による「民間主導の形」の強調が観察された。一方で、イラン・イラク戦争が長期化し、日本企業がIJPC プロジェクトからの撤退を決断した以降は、対米関係上の「軍事的・エネルギー安全保障間のジレンマ」も無くなり、「民間主導の形」が強調されることもなくなった。

（2）サハリン天然ガスプロジェクト

　参画協議の開始時期は、米ソ関係がキューバ危機後に改善していった時期と重なり、日本は対米関係上の「軍事的・エネルギー安全保障間のジレンマ」を強めることなく、政府自らソ連側との協議に積極的に関与し、「民間主導の形」が強調されることもなかった。その後、第一次石油危機が発生し、日本としてメジャー経由ではなく独自のエネルギー調達が必要になった際も、米ソ・デタントの時期と重なっていたことから、日本は対米関係上の「軍事的・エネルギー安全保障間のジレンマ」を強めることはなかった。そして当時の田中角栄首相自らソ連を訪問して協議を加速させるなど、「民間主導の形」を強調することなく、ソ連との契約合意に至った。しかしながらソ連のアフガニスタン侵攻及びポーランドにおける戒厳令に対するソ連の支持によって米国が対ソ制裁を実行すると、日本にとって対米関係上の「軍事的・エネルギー安全保障間のジレンマ」は強まった。一方で、当時は西欧諸国もソ連との経済関係を深化させようとしており、米国に対して対ソ制裁の解除を求めていたことから、日本は政府が中心と

なって西欧諸国と連携し、米国に対ソ制裁を解除させることに成功した。つまり西欧諸国との連携によって、日本にとって対米関係上の「軍事的・エネルギー安全保障間のジレンマ」は抑制され、その結果、米国に対しても「既存契約」である点は強調しながらも、「民間主導の形」を強調することはなかった。ところが、その後、中曽根首相とレーガン大統領の蜜月関係下において、米国からソ連の天然ガスプロジェクトよりも米国のアラスカ LNG プロジェクトを優先するよう日本に圧力がかかるようになると、日本にとってソ連の天然ガスプロジェクトの遂行は対米関係上の「軍事的・エネルギー安全保障間のジレンマ」を強めることになった。そして、日本は米国に対して、民間事業としての経済性の重要性を訴えて、「民間主導の形」を強調するようになった。その後は、原油価格が下落する「逆オイルショック」が生じ、経済性の観点で一時的にプロジェクトが凍結されたが、イラクのクウェート侵攻に伴い中東地域が不安定化すると、原油価格は再び上昇し、プロジェクトに関するソ連側との協議も再開された。当時は既に冷戦が終結して、米ソ関係も改善している中、日本は官民連携でソ連側との協議を行い、「民間主導の形」を強調することなく、ソ連、そしてソ連崩壊後はロシアとの間で協議を進展させた。更に米国メジャーであるエクソンもプロジェクトに招致して、2000年代より天然ガスの生産を開始するに至った。

（3）イラン・アザデガン油田プロジェクト

　交渉開始時は、イランの大統領は穏健派のハタミであり、国際社会との関係改善も進んでいたことから、日本にとって対米関係上の「軍事的・エネルギー安全保障間のジレンマ」は強くなかった。そして、イランとの協議も通産省や通産大臣が筆頭株主である INPEX が前面に立って行われ、「民間主導の形」が強調されることもなかった。その後、9.11.同時多発テロを契機として米国とイランとの関係が悪化していく中、日本は米国の要請に応じる形で2003年12月にイラクに自衛隊を派遣するなどして、アザデガン油田に対する米国の黙認を引き出し、2004年2月に同油田の75％権益を取得するに至った。その際、日本側の契約当事者から政府色の強い

JOGMEC と JAPEX を外し、「民間主導の形」を強調することで、米国を過度に刺激しない形での参画を行った。その後、イランにおける保守強硬派の台頭によってイラン核問題は再び深刻化していき、日本は対米関係上の「軍事的・エネルギー安全保障間のジレンマ」を強めながらも、イラン国営石油会社との契約条件や開発のための地雷・不発弾処理等の問題に関して、民間企業である INPEX が前面に出る形で「民間主導の形」を強調して協議を進めた。日本政府も対外的な発信として「民間とイラン政府との話し合いを見守っていく以上のことはできない」と繰り返し述べるなど、「民間主導の形」を強調した。そしてイランとの条件に関する協議が難航する中、INPEX は2006年10月に75％の権益を10％に縮小し、更にイラン核問題が深刻化する中で、2010年10月に INPEX はアザデガン油田からの完全撤退を発表した。

（4）ドイツのエネルギー政策

　西ドイツは1960年代末よりソ連との天然ガス調達交渉を開始しているが、当時は米ソ・デタントが進んでいた時期であり、西ドイツにとって対米関係上の「軍事的・エネルギー安全保障間のジレンマ」は強くなく、「民間主導の形」が強調されることなく、政府が前面に立つ形でソ連との協議は進められた。その後、第一次石油危機が発生し、従来の欧米メジャー経由での中東の石油調達が困難になると、西ドイツにとってソ連の天然ガスは更に魅力的なエネルギー源となった。またソ連にとっても自国の天然ガス販売の拡大に繋がるものとして西ドイツとの協議に対する期待は高く、両国間の天然ガス協議は加速した。第一次石油危機によって中東産油国と米国との関係悪化が決定的となるが、ソ連を巡っては特段の問題は発生せず、西ドイツは対米関係上の「軍事的・エネルギー安全保障間のジレンマ」を強めることなく、ソ連との天然ガス協議においても「民間主導の形」が強調されることもなかった。しかしながら、その後、ソ連がアフガニスタンを侵攻すると、米ソ・デタントは崩壊し、米国カーター政権によって対ソ経済制裁が発動された。更にソ連のポーランド戒厳令に対する支持に対して、米国レーガン政権によって対ソ経済制裁が更に強められ、西ドイツの

ソ連との天然ガス協議に対する米国からの圧力も強まった。一方でイラン革命を契機として第二次石油危機が発生する中で、西ドイツにとってソ連の天然ガスは更に重要性を増したことから、西ドイツは対米関係上の「軍事的・エネルギー安全保障間のジレンマ」を強める中で、米国を過度に刺激することを避けるべく、「民間主導の形」を強調しながら、民間企業を介す形でソ連側との協議を継続した。更にはソ連の天然ガスとは別にイランで進めていた原子力発電所建設に関しては、米国の要請を受け入れて建設を凍結し、最終的には撤退を決断した結果、西ドイツは米国の容認を得る形でソ連との間で新たな天然ガス輸入契約を締結することに成功した。

冷戦終結後のドイツとロシアの間の天然ガス協議に関しても、ノルド・ストリーム2に関する協議を進める中で、ロシアが国際社会の反対を押し切ってクリミアを併合すると、米国、そして欧州による対ロ経済制裁が発動され、ドイツ・ロシア間の協議も凍結された。こうしてドイツにとって対米関係上の「軍事的・エネルギー安全保障間のジレンマ」が強まった。しかしながら、福島原発事故を受けて脱原発を決定したドイツにとってノルド・ストリーム2は極めて重要なエネルギー源であったことから、当時のメルケル首相自ら「事業は民間のビジネスである」と述べるなど、「民間主導の形」を強調しながら、米国の容認を求め続けた。

（5）イタリアのエネルギー政策

イタリアは1950年代以降、国営石油会社 ENI を通じて、産油国との直接協議を進めた。具体的には、産油国に過半数出資を認め、更に産油国に対する技術供与の対価として石油供給を受ける契約とするなど、従来のメジャーとは異なるアプローチで石油権益を拡大していった。こうした ENI のアプローチに対しては、産油国のナショナリズムを刺激する行為であるとしてメジャーによる反発があったが、あくまで企業間の対立に留まり、イタリアにとって対米関係上の「軍事的・エネルギー安全保障間のジレンマ」を強めることには繋がらなかった。そして「民間主導の形」が強調されることなく、国営石油会社 ENI 主導のエネルギー調達が進められた。一方で、ENI として1958年にソ連より石油調達を行った際には、

米国ケネディ政権の国務長官より ENI のマッテイ CEO に対して調達中止が要請されており、イタリアにとって対米関係上の「軍事的・エネルギー安全保障間のジレンマ」は強まった。その際に ENI のマッテイは「企業に対する介入」であるとして懸念を表明しており、国営企業でありながら「民間主導の形」を強調している。結局、その後、マッテイは飛行機事故で死亡するが、ENI は米国メジャーからの石油調達も増やすことで、ソ連からの石油調達に対して米国側からの容認を引き出した。

　1973年に第一次石油危機が生じると、イタリアはアラブ諸国から「友好国」ではなく「非友好国」とされ、石油調達継続の上で明確なアラブ支持を求められた。一方で米国からは欧米の連帯を求められるという状況に追い込まれた。これに対してイタリア政府は、米国より単独で批判を受けないように欧州として連帯して親アラブを訴えるという戦略を展開する一方で、米国が提唱した IEA 構想に対しては、フランスが強硬に反対する中、西ドイツと共に一貫して支持を表明し、原加盟国として加入した。米国にとってイタリアは欧州との関係維持の上で重要な緩衝役となり、このことがイタリアのエネルギー調達に対する米国からの圧力を抑制させることに繋がった。そしてイタリアは「軍事的・エネルギー安全保障間のジレンマ」を抑制したことで、「民間主導の形」を強調させることなく、国営石油会社 ENI を通じて、サウジアラビアやアルジェリア、リビアといった産油国と直接交渉を行い、石油調達を進めていった。

　1998年に民営化した ENI は、2001年にイラン南西部のダルホビン油田に参画した。参画後、米国において9.11.テロが発生すると、翌2002年には米国ブッシュ（子）政権が一般教書演説においてイランを「悪の枢軸」として非難し、ダルホビン油田開発を巡る環境も厳しさを増した。一方で、当時のイタリア・ベルルスコーニ政権は、欧州内で対米方針が二分される中でも、一貫して米国ブッシュ（子）政権を支持することで、これまで同様、イタリアは米国にとって欧州における重要な緩衝役となった。こうしてイタリアはダルホビン油田に対する米国の圧力を外交努力を通じて一定程度に抑え、ENI を通じてダルホビン油田の開発を進めていき、2007年2月に本格生産に至っている。

その後も、2009年1月に米国にオバマ政権が誕生し、イランとの対話路線を掲げて緊張緩和の兆しが見え始めると、同年5月にENIはイランとダルホビン油田の拡張で合意した。その後、イランは核開発を強引に押し進めたため、オバマ政権はイランに対する圧力強化に転じ、国連安全保障理事会における対イラン制裁採択を主導し、更に米国単独での制裁も実施するに至った。そして欧州や日本に対しても同調を求め、外国企業に対しても米国の制裁対象とすると警告した。こうして、「民間主導の形」を強調しても米国からの容認が得られない状況になったことから、ENIは2010年9月にダルホビン油田から撤退した。

　このように本書で過程追跡を行った全ての事例において、独立変数である「軍事的・エネルギー安全保障間のジレンマ」と従属変数である「民間主導の形」に正の相関関係があることが観察された。表7-2はその結果をまとめたものである。

表 7-2　各事例における変数の変化

		軍事的・エネルギー安全保障間のジレンマ（独立変数）	民間主導の形（従属変数）
イラン・IJPC	参画時	弱	弱
	イラン革命	弱	弱
	大使館人質事件	強	強
	イラン・イラク戦争	強	強
	撤退方針決定	弱	弱
ソ連・サハリン天然ガス	参画時	弱	弱
	石油危機	弱	弱
	米国による制裁	中（制裁解除の成功）	中（「既存契約」の強調）
	アラスカLNG圧力	強	強

	冷戦終結・米ソ関係改善	弱	弱
イラン・アザデガン油田	参画協議（イラン核問題前）	弱	弱
	参画合意（対イラン制裁前）	中	中
	権益縮小（対イラン制裁実行）	強	強
	撤退（米国の対日本企業制裁示唆）	強	「民間主導の形」の効果減
ドイツ・ソ連（ロシア）天然ガス	協議開始時（米ソ・デタント）	弱	弱
	第一次石油危機	弱	弱
	米国の対ソ制裁（アフガン侵攻）	強	強
	米国の対ロ制裁（クリミア併合）	強	強
イタリア	ENI が産油国と直接関係構築	弱（経済圧力のみ）	弱
	ENI がソ連より石油調達	強（米国より圧力）	強
	第一次石油危機（アラブ産油国と直接協議）	中（欧米の緩衝役）	中（米ソ双方より調達）
	ENI（民営化）がイラン油田参画	中	中
	撤退（米国の制裁リスト化可能性）	強	「民間主導の形」の効果減

それでは本書で実証された仮説に基づき、本書の冒頭で提示した問いに対する回答を整理する。本書の問いは、「石油危機以降、日本政府としてエネルギー安全保障を軍事的安全保障と並ぶ国家課題としたのにもかかわらず、なぜ日本のエネルギー調達は民間主導の形なのか」というものであった。これに対して、本書で実証された仮説は、「軍事的・エネルギー安全保障間のジレンマが強いほど、エネルギー調達における民間主導の形が対米説明上、強調されるようになる」というものであった。そして本書における過程追跡を通じて、日本、ドイツ、イタリアそれぞれにおいて、対米関係上の「軍事的・エネルギー安全保障間のジレンマ」が強まると、戦略的に「民間主導の形」が強調されるようになることが確認された。

第2節　分析枠組の有効性

　本書では、Merton（1968）により提唱された「中範囲の理論」、並びに保城（2015）で提示された「中範囲の理論」に関する整理を参考に、変則的な事実（日本の資源外交における民間主導のエネルギー調達の継続）から、それを説明できると考えられる独立変数を発見し（軍事的・エネルギー安全保障間のジレンマ）、仮説を構築した上で（当該ジレンマが強くなるほど、民間主導のエネルギー調達の形が維持される）、データ収集に基づく過程追跡を通じた仮説検証を行った。
　更には、仮説における独立変数と従属変数に分散を持たせるべく、同一事例内において、国際情勢の変化から「軍事的・エネルギー安全保障間のジレンマ」に変動が生じた事例を選択した。
　一連の事例内分析、及び事例間分析を通じて、「軍事的・エネルギー安全保障間のジレンマが強まると、民間主導の形が強調される（反対にジレンマが弱いと、政府が前面に立つ形や半官半民の形が見られる）」という本書の仮説は実証された。
　また本書の事例分析を通じて、従来の先行研究で考えうる対抗仮説の棄却も行われた。
　「強い国家／弱い国家論」と「歴史的制度論」に基づけば、「弱い国

家」である日本には、長年の「民間主導の歴史」があり、経路依存が働く
ことで、石油危機以降もその合理性の有無に関係なく「民間主導の形」が
維持されたと説明される。一方で、本書の事例においては、同じ事例内そ
して事例間比較を通じて「民間主導の形」に強弱が見られる点が実証され
たため、「民間主導の歴史」は独立変数ではないことが明らかになった。
また石油危機以降は、民間放任という意味での純粋な「民間主導の形」が
変化し、政府と企業が密接に協議をしながら、意識的な政経分離としての
「民間主導の形」を戦略として生み出したことも明らかになった。政府は
対米関係、企業は対資源国との協議に「民間主導の形」を活用していたの
である。つまり「民間主導の歴史」という要素は、民間放任という意味で
の「民間主導の形」が日本のエネルギー政策として明治維新以降も継続さ
れてきたことを説明することはできるが、石油危機以降、「民間主導の
形」が官民連携による戦略的意味を持つようになったことは実証できない。
そして、戦略的な「民間主導の形」に関しては、本書で設定した独立変数
である「軍事的・エネルギー安全保障間のジレンマ」による説明が適して
いるのである。

　また「外圧反応国家論」に基づけば、「米国からの圧力と、国際的な市
場からの圧力の中で、民間主導の形を維持することが効果的とされたか
ら」との説明が想定される。一方で、この説明だけでは、エネルギー安全
保障が国家課題となったのにもかかわらず、政府主導ではなく「民間主導
の形」が効果的とされた理由が明確にならない。これに関しても、本書に
おける実証は、政府主導ではなく「民間主導の形」が効果的とされた理由
に対して重要な示唆を与える。すなわち、日本、ドイツ、イタリアという
資本主義国において、「民間主導の形」の強調が観察されたということは、
石油危機によって石油が政治化される中においても、政府は経済活動に過
度に介入せずに、企業の自由な活動が担保されることが望ましいという資
本主義の前提が共有されていたことを示している。特に冷戦期には、共産
主義との対峙から、資本主義と共産主義を明確に区分するものとして、こ
の前提が米国に対しても一定の効果を持っていたと推測されるのである。

第3節　仮説の有効性

　本書では「中範囲の理論」を適用しており、「軍事的・エネルギー安全保障間のジレンマが強まると、民間主導の形が強調される」という仮説の有効性に関しては、その適用範囲が限定される点は認めざるを得ない。すなわち、イシューとしては「軍事的安全保障とジレンマを生じるようなエネルギー安全保障の分野」、空間としては「日本」「ドイツ」「イタリア」に限定する形で実証されたに過ぎない。

　しかしながら、上記を以て本書の理論が時間・空間の適用範囲を越えた場面で全く適用されない、すなわち外的妥当性（External Validity）を持たないとは言えない。第一次石油危機以降の1970〜80年代だけでなく、第一次石油危機以前や冷戦終結後の2000年代に関しても、日本、ドイツ、イタリアの3国に関して実証したことは理論の適用可能性を評価する上で非常に大きな意味を持つ。

　時間に関しては、確かに1990年代が事例対象としては抜けているが、この時期は国際石油市場の自由化が進んだ時期と重なっており、市場を通じて安価で安定的な石油調達が可能であった。更には冷戦終結の時期でもあり、エネルギー調達の上で対米関係の観点で緊張を高めるようなエネルギー調達が生じにくかった。そのため、当該時期は分析対象となるような事例が生じなかったと判断することが可能である。

　また場所に関しても、西ドイツとイタリアは、日本と同じく第二次世界大戦の敗戦国として米国に対する軍事的・経済的依存が強い一方、欧州域内での政治的・経済的連携が対米関係上活用できるという日本とは異なる特徴を持つ。実際に、西ドイツとイタリアに関する事例分析においては、この欧州特有の関係性によって、日本に比して対米関係上の「軍事的・エネルギー安全保障間のジレンマ」が抑えられ、その結果、「民間主導の形」の強調も抑えられた場面が確認された。このことは、本書の仮説における独立変数と従属変数がより精緻に実証されたことを意味する。

　一方で、冷戦終結後に関しては、米国が経済制裁の対象を反米国家における資源開発を行う外国企業にも拡大するなど、米国に対して「民間主導

の形」を強調することの効果が揺らいできていることも本書の事例分析は示している。例えば、イランにおける日本のアザデガン油田、並びにイタリアのダルホビン油田の事例においては、米国がイランにおける資源開発を行う外国企業を制裁対象とすることを強く主張した結果、イランの石油開発からの撤退を余儀なくされている。双方の事例においても、「軍事的・エネルギー安全保障間のジレンマ」が強まるほど、「民間主導の形」が強調されるという正の相関関係自体は観察されており、本書の仮説が否定されている訳ではない。尚、双方の事例は石油危機以降の石油の政治化が、1980年代中頃からの石油の市場化によって一時的に低下したものの、冷戦終結後、再び強まってきていることも示していると言える。

第4節　本書の意義の再確認

（1）学術的意義

　学術的意義としては、従来の先行研究では十分になされてこなかった日本の資源外交に関する理論を提示した点が挙げられる。すなわち、日本にとって「軍事的・エネルギー安全保障間のジレンマ」が強くなるほど、「民間主導の形」を戦略的に強調するようになるという実態が明らかになった。従来の先行研究では、日本の資源外交に関して明確な理論を提示したものは無く、外交文書に基づく外交史的分析が端に付いたばかりであった。また広く政治経済学分野に拡大して、その代表的な理論である「強い国家／弱い国家論」「歴史的制度論」「外圧反応国家論」を日本の資源外交にそのまま適用しようとしても、十分に実態を把握することはできなかった。

　本書が実証した仮説により、「石油危機以降、日本政府としてもエネルギー安全保障を軍事的安全保障と並ぶ国家課題としたのにもかかわらず、なぜ日本のエネルギー調達は民間主導の形なのか」という学術的な問いに対して、「対米関係上の軍事的・エネルギー安全保障間のジレンマが民間主導の形の強調に繋がった」という答えが実証された。

　また「民間主導の形」に関しても、石油危機以前の民間放任という意味

での純粋な「民間主導の形」が、石油危機以降、政府と企業が密接に協議をしながら、意識的な政経分離の戦略としての「民間主導の形」に変わっていったことも本書は明らかにした。このことは外交史的分析の観点からも、新たに開示された一次資料に基づき、先行研究が提示してこなかった歴史的事実の再解釈を明らかにしたことを意味する。これは、白鳥（2015）や池田（2015）の先行研究が政府の視点に焦点を当てたのに対して、本書は企業の視点や政府と企業の関係性にも着目した事例分析を行ったことによる成果であると言えるだろう。

（2）現代的意義

　現代的意義としては、日本が軍事的安全保障は米国に依存する一方で、エネルギー安全保障は米国と敵対するロシア等にも依存するという構図は現在も続いており、本書の理論の重要性は決して過去に限定されないということである。むしろ、現在において日本の資源外交は中国との間の資源獲得競争や、ウクライナ危機に伴う世界的なエネルギー供給不安の中、その重要性と難しさを更に高めており、本書の現代的意義は極めて高いと言える。

　本書で指摘した通り、米国は経済制裁の対象を敵対国だけでなく、敵対国において経済活動を進めようとする外国企業も含めるようになってきている。このことは「民間主導の形」の強調という戦略の効果を抑制させることに繋がっており、こうした現代的な課題を検討していく上でも本書の理論に基づく議論は有効となる。

　上記を踏まえて、今後の日本の資源外交のあり方を更に踏み込んで考えたい。日本の場合は、これまでも民間企業主導でエネルギー調達を進めてきたことから、ノウハウは民間側に多く集積されているのは事実である。その一方で、前述の通り、米国による制裁対象の外国企業への拡大や、中国による政府主導での強力な資源外交の展開、更にはウクライナ危機後の世界的なエネルギー需給逼迫による資源獲得競争の激化によって、民間企業だけではリスクを背負いきれない状況になってきているのも事実である。そのため、今後はこれまでの「民間主導の形」に拘るのではなく、政府も

より積極的に関与していくことが重要になる。

　例えば、日本政府による資源国政府との間の投資協定の締結は、企業活動に関しての政府間協議が可能になり、資源国による企業に対する接収リスクを牽制するのに一定程度の効果が期待される。また多くの投資協定に規定される国際司法裁判所での紛争処理条項に関しても、実際には両国合意が無い限り裁判結果の強制適用は不可能ではあるものの、少なくともこうした規定があるだけで資源国に対する一定程度の牽制にはなるだろう。資源国側にとってもこうした投資協定は海外民間企業による投資促進に繋がるものと期待されており、日本としても多くの資源国と投資協定を締結していくことで、より効果的にエネルギー調達を行うことが可能となるだろう。

　また日本国内の制度としては、現時点においても JOGMEC（経産省傘下）による出資・債務保証制度、JBIC/NEXI（財務省傘下）による資源金融、そして JICA（外務省傘下）による開発援助といった政府による民間に対する有効な支援制度が存在する。JOGMEC の出資・債務保証制度や JBIC/NEXI の資源金融は、いずれも日本企業にとって資源開発の資金負担を軽減させるだけでなく、資源開発国による接収リスクを抑制する牽制機能も持ち合わせている。また JICA の農業援助に代表される開発援助は、資源国の住民の生活向上に寄与することで、治安の安定を実現し、そのことが資源開発プロジェクトの安定化や持続的な操業継続にも寄与することになる。一方で、こうした制度は監督省庁が異なっていることから、更なる連携強化の余地があるのも事実である。そのため、民間企業も交えて官民の連携をより一層強化することで、日本の資源外交の可能性は更に広がることが期待される。こうした観点では、官民の人材交流を通じた日本国全体としての資源投資のノウハウの蓄積、共有もより一層必要になってくるだろう。

　更にはこれまでも基本的に対米協議において「民間主導の形」を過度に強調することのなかった欧州の事例からも分かる通り、資源ビジネスは常に政治情勢に左右されるため、撤退・再協議は所与のものとして捉えるというシビアな姿勢も必要かもしれない。

実際、イタリアの事例で見た通り、2015年7月にイランと P5+1 との間で「包括的共同行動計画（JCPOA）」が合意され、イランが濃縮ウランや遠心分離機を削減する代わりにイランへの経済制裁を段階的に解除することが合意されると、イタリアの ENI は逸早くイランとの間でダルホビン油田開発に関する協議を再開し、2017年6月に事業性調査再開の契約を締結している。また仏トタルも2016年1月に対イラン制裁が解除されたのに伴い、速やかにイラン側と協議を再開し、同年6月には予備的な覚書を締結している＊137。更には英蘭シェルもトタルの協議に並行する形でイラン側との協議を行い、同年12月に開発覚書を締結するなど＊138、欧州企業は撤退・再協議の決断を政治情勢に応じて臨機応変に行っている。「民間主導の形」の強調の効果が期待できなくなりつつある昨今、日本もこうした欧州の臨機応変な姿勢に学ぶ部分も多いかもしれない。

　また別の方向性としては、石油や天然ガスに対する依存を低下させることによって、「軍事的・エネルギー安全保障間のジレンマ」を生じにくくするという戦略もある。これに関しては、第一次石油危機以降、石油備蓄拡充や原子力や天然ガスといったエネルギー多角化が進められてきた。

　石油備蓄に関しては、二度の石油危機以降も拡充が続けられ、2022年末時点で国家備蓄137日分、民間備蓄90日分となっている＊139。加えて、2009年には日本の資源エネルギー庁がサウジアラビアと UAE の国営石油会社との間で「産油国共同備蓄」制度を開始している。これは日本の石油タンクを当該国営石油会社に貸与し、平時には東アジア向けの中継・備蓄基地として利用してもらう代わりに、緊急時には日本向けに優先供給することを規定するものである。この新たな備蓄制度に関しては、2020年にクウェートの国営石油会社との間でも合意している＊140。

　一方、エネルギー多角化に関しては、原子力が2011年の東日本大震災によって難しい選択肢となっている中で、2021年度の一次エネルギー供給構成では引き続き石油が最も多い36％であり、次いで石炭26％、LNG21％となっており、海外依存の高い化石燃料が8割超となっている。また同年度の電源構成で見てみても、石油は7％と下がるものの、LNG34％、石炭31％となっており、海外に資源を依存しない水力とそれ以外の再生可能エ

ネルギー（太陽光・風力・地熱・バイオマス）はそれぞれ8％と13％となっている＊141。確かに第一次石油危機の際の中東石油に対する依存度に比べると、エネルギー多角化が進んで日本のエネルギー安全保障は強化されたと言えるが、アザデガン油田の事例からも分かる通り、石油を含めて日本は今なお、対米関係上の「軍事的・エネルギー安全保障間のジレンマ」を国際情勢次第で容易に強めてしまう状況にある。2010年代の米国のシェールガス革命によって、米国の中東含めた海外原油依存度は低下しており、米国の中東への関与も弱まる可能性もあるが、反対に、エネルギー分野における関与が低下することで、米国としてよりエネルギーにとらわれない積極的な中東政策を展開できる可能性もある。いずれにせよ、海外にエネルギー源を大きく依存する日本にとって、米国の政策や国際情勢の変化によって「軍事的・エネルギー安全保障間のジレンマ」が容易に変動していく可能性は今後も常にあると考えるべきであろう。

　こうした中、日本は主に脱炭素の観点からではあるが、2018年に策定したエネルギー基本計画において、2030年の電源構成に占める再生可能エネルギーの割合を22〜24％に高めるとしており、更に2021年10月には同数値を36〜38％と更に高く設定する新たなエネルギー基本計画を策定した＊142。こうした再生可能エネルギーの利用拡大は、その分、海外エネルギー依存度を下げることに繋がるため、日本のエネルギー自給を向上させ、エネルギー安全保障強化にも繋がると言えるだろう。但し、再生可能エネルギーに関しても、安定的な電力供給の上では、バックアップ電源の必要性や蓄電技術の向上といった課題が残っている。当分の間は、日本にとって海外エネルギー源に依存する体制は継続されると考えるのが妥当であろう。

　一次エネルギーの石油の主要用途の一つであるガソリン車に関しても、2020年末に日本政府は2030年代にガソリン車の販売を禁止の上、電動化を目指す方針を打ち出しており、環境面だけでなく、エネルギー安全保障の面でも石油依存の更なる低下に繋がる可能性がある。ガソリン車に関しては、中国が日本に先駆けて2020年10月に「2035年までに新車販売の全てを環境対応車にする」との方針を発表しており、EU も2021年7月に「2035年にガソリン車の新規販売を禁止」、そして米国も2021年8月にバイデン

大統領が「2030年までに新車の半数を電気自動車とする」ことを掲げた大統領令に署名するなど、国際的な潮流が生まれている。こうした動きは、中長期的に国際的なエネルギー安全保障にも影響を与えていくだろう。しかしながら、ガソリン車を巡る動きに関しても中長期的な取組であり、当分の間は、日本が海外の石油に大きく依存する構造は維持されると思われる。実際、2022年のウクライナ危機後のエネルギー情勢の変化を受けて、EU は2023年3月に「合成燃料を使うエンジン車は2035年以降も認める」と方針を転換している。

　更に別の方向性としては、米国に軍事的安全保障を依存することを解消することで、対米関係との「軍事的・エネルギー安全保障間のジレンマ」を抑えることも理論上は考えられなくはない。しなしながら、北朝鮮問題等、日本を取り巻く現在の軍事的安全保障環境を踏まえると、現実的な選択肢とは言えないだろう。

　それでは軍事面での対米依存の相違は別として、純粋に経済的な観点で日本が中国同様に、米国からの制裁リスクを乗り越えるような資源外交を展開することは可能なのだろうか。イラン・アザデガン油田の事例分析で触れたように、日本の INPEX が米国からの第三国企業に対する経済制裁の可能性が高まり2006年に権益縮小、2010年に撤退を余儀なくされる中においても、中国は2009年に北アザデガン油田、そして2011年には日本が撤退したアザデガン（＝南アザデガン）油田に国営企業である CNPC を通じて参画を果たしている。この日本企業と中国企業の対応の相違の背景としては、日本の場合はイラン以外でのビジネス展開に支障が出る可能性を懸念し、INPEX として一民間企業で対処できるリスクでは無いと判断したこと、米ドル建て資金調達が困難になると開発・操業が立ち行かなることを懸念したこと、そして仮に生産に漕ぎつけたとしても、日本以外の石油の販売先開拓が難航することが予想されたこと等が考えられる。これに対して、中国は、国営企業としてある程度のリスクは政府によってマネージでき、米ドル建て資金調達が困難になれば、元建て資金を調達し、更に販売先に関しては、中国が一大消費国であり、また豊富な労働力を自国内に抱えることから、米国の制裁が日本企業ほど脅威にならないと推測される。

これを踏まえると、日本として政府関与を強めてある程度のリスクテークをしていくことは重要である一方で、完全に中国と同じような資源外交を展開することは、市場や人口の大きさの違いからすると、現実的とは言えない。

　一方で、2022年2月のロシアによるウクライナ侵攻後、ロシアのサハリン2プロジェクトに関して、英国企業であるシェル（2021年に英国に本社を一元化することを発表）が即座に撤退を決定する一方で、日本の出資企業である三井物産と三菱商事は、日本政府による要請を受ける形で、出資継続を申請し、ロシア政府より承認された。またこの際、日本政府は米国政府に対してエネルギー安全保障の観点から権益維持に理解を求めている*143。これは明らかに従来の「民間主導の形」を強調する日本の資源外交とは一線を画したものであった。日本としても、厳しいエネルギー安全保障を巡る環境下、政府が関与を強化する形で資源外交のあり方を変化させようとしてきていることが分かる。この点に関しては、次節にて詳述する。

　このように本書における日本の資源外交における政府と企業の関係に関する分析は、今後の課題を考える上でも重要な論点を提示しており、その現代的意義は大いにあると言えるだろう。

第5節　ウクライナ危機後の日本・ドイツ・イタリアの　　　　　　　資源調達に関する検証

　前節で指摘した本書の現代的意義を更に示す事例として、本節では2022年2月のロシアによるウクライナ侵攻後の日本、ドイツ、イタリアのガス調達に関する動きを比較検証する。

　ロシアのウクライナ侵攻直後の2022年3月、欧州委員会はロシアからのガス輸入量の3分の2を2022年内に他ソースやガス以外の燃料で代替することを目指すと発表した*144。IEA によれば、2021年の欧州のガスの純輸入量は350bcm（bcm=10億立方メートル）であり、その内、ロシアからは約45％の155bcm を輸入していた。すなわち3分の2というのは、約103bcm、LNG 換算で7000万トン超となる。一方で、欧州委員会によるロシア産ガ

ス輸入に関する段階的削減という決定は、ロシア産原油に対する価格上限措置やロシア産石炭に対する禁輸措置と比べると緩やかな制限と言える。この背景には欧州としてのロシア産ガスに対する依存度の高さがある。

　特にドイツは天然ガス消費量の約6割をロシアよりパイプラインで輸入してきたことから、ドイツ政府としてエネルギー安全保障上、ロシア産ガスの即時禁輸は現実的ではなく、段階的な輸入削減が必要である旨を欧州委員会内や米国に対して主張した*145。その一方で、ドイツとして段階的にロシアからのガス依存を低下させるため、政府が主導する形で2023年内に浮体式の LNG 貯蔵・再ガス化設備（Floating Storage and Regasification Unit, FSRU）を導入することを決定した。具体的には、政府として関連予算を確保した上で、民間エネルギー企業である RWE とユニパー（Uniper）を通じて実際の導入や操業を進める形としている。実際に、2022年9月に RWE が UAE の国営石油会社である ADNOC より LNG を調達することで合意し*146、2023年2月にドイツとして初となる LNG 輸入が実現している*147。こうした一連の動きは、ドイツ政府がエネルギー安全保障の観点を前面に出して企業と連携する形で行われており、過去にノルド・ストリーム事業の推進に際して当時のメルケル首相が民間のビジネスである点を理由に、米国からの容認を求め続けた点とは大きく異なる。

　イタリアもまたドイツほどではないが、天然ガス消費量の約4割をロシアからの輸入で賄ってきた。そのためイタリアもエネルギー安全保障の観点からロシア産ガスの即時禁輸は現実的ではないと主張する一方、政府が主導する形でロシア以外のガス生産国との関係強化を進めた。具体的には、ロシアに次いで天然ガスを輸入してきたアルジェリア政府との間で戦略的エネルギー協定を締結した上で、具体的な取り決めに関しては、民間エネルギー企業である ENI とアルジェリアの国営石油会社であるソナトラックとの間で天然ガス輸入拡大に向けた協議を進めさせた*148。一方、ENI 独自の動きとしては、2022年6月にカタールにおける LNG 拡張事業である North Field East への参画を決定している*149。同拡張事業には米国のエクソンモービルやコノコフィリップス、英国のシェル、フランスのトタルエナジーズ（旧トタル）といった欧米メジャーも同時期に参画を決定し

ており、ENI もまたそれに匹敵するエネルギー企業としてカタール側より期待されたことになる。このようにイタリアの資源調達は、ドイツ同様に、政府が「エネルギー安全保障」の観点を前面に出して企業と連携する形での取組が見られる一方で、企業独自の取組も行われている。ここにはドイツと比較してイタリアのロシア産エネルギーへの依存が低いため、政府関与が比較的限定的となっていることも指摘できるだろう。

　日本はロシアのサハリン2プロジェクトから LNG の形でガスを輸入しており、2022年の LNG 輸入に占めるロシアの割合は9.8%であった＊150。輸入 LNG の約6割が発電用であることから、ロシアからの LNG が日本の電源構成に占める割合は約6%となるが、日本の電力予備率が同程度の水準であることを踏まえると、ロシア産 LNG が供給途絶となった場合は日本にとって極めて重大なエネルギー危機をもたらすことになる。またロシアから日本への LNG 輸送日数は2〜3日であり、オーストラリアからの約10日、中東からの約20日、米国からの約30日に比べて圧倒的に短く、その分、輸送費も安価になる点も日本の支出の観点から重要である＊151。更に欧州と異なり、島国の日本には他国からの電力融通という選択肢がない。こうした背景から、2022年2月のロシアによるウクライナ侵攻後、日本政府はロシアのサハリン2プロジェクトの出資企業である三井物産と三菱商事に対して、出資継続を要請し、更に米国政府に対してはエネルギー安全保障の観点から権益維持に理解を求めたのである。前節でも指摘した通り、これは明らかに従来の「民間主導の形」を強調する日本の資源外交とは一線を画したものであった。

　それ以外でもウクライナ危機以降のエネルギー供給不安の中で、日本政府による資源調達に対する関与強化は進められている。2022年12月には西村経済産業大臣がオマーンを訪問し、同国の鉱物資源省との間でエネルギー協力強化に関する覚書を締結したタイミングで、日本の民間企業によるオマーンとの間の LNG の長期引取契約に関する基本合意が調印された＊152。ウクライナ危機によって日本政府の LNG 調達面における関与が強化された背景を理解する上で重要な事例が、ウクライナ危機前の2019年と2021年に相次いだ日本企業 JERA による LNG 長期引取契約の終了である。

JERA は UAE の国営エネルギー会社 ADGAS との間の年間430万トンの長期契約を2019年3月に満了し、後続契約として年間50万トンの3年間の短期契約を締結した。また2021年3月にはカタールの国営エネルギー会社カタールガス1（Qatargas1）との間の年間540万トンの長期契約を満了し、更新をしなかった。この背景には民間企業として、脱炭素化が強まり、更に原発再稼働が不透明な中で、化石燃料である LNG の需要見通しが難しくなり長期購入に対して慎重になったこと、また世界の LNG 市場が拡大する中で、中東以外の安価なスポット調達がより柔軟に可能になると判断したことがあったとされている*153。このようにウクライナ危機が発生するまでは、基本的に日本の LNG 調達は企業の経済性に基づく「民間主導」の形で行われていた。

またウクライナ危機後の日本政府による新たな取組として、「戦略的余剰 LNG」という構想が提唱されている。これは、LNG が石油とは異なり長期の備蓄が難しいことを踏まえ、日本の民間企業が契約で確保している LNG を、需給ひっ迫時においては、経産省が指定する日本国内事業者に転売させる制度であり、それに伴い転売損が生じた場合は、基金から助成金を交付するものである*154。この制度もまた日本政府がエネルギー安全保障を理由に、民間企業の販売戦略に関与するものであり、従来の「民間主導の形」を前面に出す調達戦略とは一線を画している。

このようにドイツ、イタリア、日本の各国においてウクライナ危機以降、政府のエネルギー調達における関与が拡大した背景には、エネルギー安全保障に対する認識が改めて強まったことが挙げられる。その一方で、石油危機以降に見られた「民間主導の形」の強調は見られず、政府が「エネルギー安全保障」を前面に出して企業と連携する形が見られた背景には、本書で指摘した通り、米国が冷戦終結以降、制裁対象を制裁対象国で活動する第三国企業にまで拡大したことに伴って、「民間主導の形」の効果が低下すると共に、民間企業だけでは対処できないほどエネルギー調達に伴うリスクが高まっていることが指摘できる。「エネルギー安全保障」と「民間主導の形」に基づく本書の理論、そして「民間主導の形」の効果の低下という本書の指摘は、足元のエネルギー危機とその対応を理解する上でも

有効な視座を提示している。

　その一方で、先行事例の分析の際も指摘した通り、資源外交における政府と企業の関係に関する研究は他の国際政治経済の事例と比較しても、まだ端を発したばかりである。筆者にとっては学術と実務の双方で携わってきた分野でもあり、今後も引き続き強い関心と問題意識を持って、この分野の研究の更なる発展に貢献していく所存である。

註

1 中でも Sampson（1975）と Yergin（1990）は、膨大な資料と調査を元に、石油産業の誕生から石油メジャーの台頭、そして産油国による覇権獲得といった流れを詳細かつ網羅的に記した名著として名高い。この両著はその後の国際石油情勢の歴史研究の基礎として各国に影響を与えた。例えば、フランス人である Etienne Dalemont と Jean Carrie が、Sampson（1975）や Yergin（1990）をアングロ・サクソンでなくフランスの観点から再構成したのが Dalemont and Carrie（1993）である。同著では、第一次世界大戦後のフランス石油公社（CFP）の設立や、その後のトタルという欧米石油メジャーに次ぐ存在の誕生へと繋がる発展的統合に関して、フランス石油業界再編の文脈で肉付けされている。

2 カルテル対象となる油田の範囲は、現在のトルコのほか、イラク、シリア、レバノン、イスラエル、パレスチナ、ヨルダン、サウジアラビア、バーレン、カタール、アラブ首長国連邦（UAE）、オマーン、イエメンが含まれていた。

3 2001年より省庁再編により経済産業省（経産省）に変更。

4 小野沢（2016）は、こうした産油国ナショナリズムの台頭に至るまでの西側消費国との関係性の変化の過程を「協調的石油秩序の生成と限界」と叙述している。

5 白鳥（2015:2-3）も指摘する通り、こうした見方は日米関係の通史的研究でも通説とされており、例えば五百旗頭（1989）、佐藤（1995）、添谷・エルドリッヂ（2008）等が挙げられる。

6 本書における欧州先進国のエネルギー政策に関する記載は、同著に収用されている西ドイツに関する Frank（2014）、イタリアに関する Bini（2014）、英国に関する Kulien（2014）らを参考にしている。

7 フランスと後述の西ドイツの第一次石油危機におけるエネルギー政策に関する代表的な研究としては、第一次石油危機の発生から3年後に書かれた Mendershausen（1976）があり、その副題である「French and German Experiences」が指し示す通り、フランスと西ドイツのエネルギー政策を比較検証している。同著では、第一次石油危機に際して、フランスは政府主導で米国に挑戦的な姿勢で石油調達を進めたのに対して、西ドイツは中立的な姿勢で市場からの石油調達を目指したという相違点に着目し、両国の石油危機発生以前の石油業界の状況や石油メジャー（エクソン、モービル、BP、シェル等）との関係、更には石油危機発生時の両国の指導者の外交方針といった観点から比較している。本節におけるフランスと西ドイツのエネルギー政策の整理も同著の記載を参照している。

8 フランスは1992年にようやく IEA に加盟している。一方で IEA は OECD の枠内における自立的な機関として設立されたことから、事務局所在地は1974年の設立当初より OECD と同じパリにある。

9 1973年時点でイタリアの一次エネルギーに占める石油の割合は75％に上った（BP Statistics）。

10 BP Statistics 及び Eurostat Monthly External Trade Bulletin を参照。

11 一方、Coll（2013）は、石油メジャーの中でも群を抜いた規模を誇る米国エクソンモービルを取り上げ、米国政府や資源国政府、そして人権・環境 NGO への対応に着目して、その世界各国での資源開発の実態を検証し、国際石油市場における「帝国」とも言える同社の絶大な影響力を指摘している。具体的には、赤道ギニアやチャド、ナイジェリアの石油開発を取り上げ、政治家に対する外交・安全保障面でのロビー活動や、周到な広報戦略、そして生々しい企業内での権力闘争等の実態を膨大な資料と調査によって丁寧に明らかにしている。結果として同著は、米国の「弱い国家」像を主張する歴史研究になっているとも言える。

12 2010年、外交記録公開の透明性を確保しつつ円滑に推進するために「外交記録公開に関する規則」が制定され、作成・取得から30年が経過した行政文書は公開するとの原則が明記された。

13 例えば NHK（1996）。

14 Iran-Japan Petrochemical Co.の略。

15 例えば、Briefing for Testimony on Summit Before Senate Committee on Foreign Relations (June 13, 1980)には IJPC に関して、また Office of the Deputy Assistant Secretary for International Monetary Affairs Briefing Books (1971-1980)にはソ連の天然ガスプロジェクトに関する記載がある。

16 1969年にアラスカから日本に初めて LNG が輸入され、以降、ブルネイ・UAE・インドネシア・マレーシア・オーストラリアからも輸入が開始され、急速に利用促進が図られた。日本政府もまた1980年の「石油代替エネルギーの開発及び導入の促進に関する法律」に代表されるように天然ガスの安定調達支援や LNG 受入基地の整備支援等を行った。

17 BP Statistics を参照。

18 本章の以下記載については、IJPC プロジェクト史（1993）や美里（1981）を中心に、梅野（2009）、小宮（2013）、寺島（2016）や、外交文書、新聞記事も参考にした。

19 当時、日本国内では公害問題から石油化学コンビナートの新設が難しくなりつつあり、安価な原料を調達できる海外産油国の石油化学事業は魅力的であった。

20 IJPC プロジェクト史（1993:16）によれば、イラン側が公示するまで三井物産はロレスタン鉱区に関して全く聞かされていなかったという。

21 NIOC は当初、製油所を日本に設置することを要望するも、日本政府の石油行政上実現不可能であったため、石油化学プロジェクトの方に焦点が当てられた。IJPC プロジェクト史（1993:35）では、製油所でイラン側に譲歩させた以上、入札のためには石油化学プロジェクトを付帯条件に加えざるをえなかったと述懐されている。

22 これに先立ち、三井物産の若杉末雪社長名の要請状が水田三喜男蔵相、福田赳夫外相、田中角栄通産相宛に出状され、各事務当局に対する説明会も開催された。

23 Iran Chemical Development Co., Ltd.（イラン化学開発株式会社）の略。

24 東洋曹達は、ICDC に対する出資要請を日本政府に対して行うべきと主張するも、三井物産は「民間主導の形」を希望して同主張に難色を示した。その一方で1977年1月1日付で三井物産は元通産事務次官の山下英明を顧問に迎え、それ以降 IJPC プロジェクトに関与させることで、更なる政府支援を求めていくことになる。

25 「昭和55年度中近東大使会議（討議の記録）」（外交記録『園田特使中近東・南西アジア訪問』）。

26 一方で米国においては5月に上院がイラン革命政府による旧政府要人弾圧に対する非難を決議した。その結果、イランにおいて反米デモが生じるなど、反米感情は高まる一方であった。

27 「外務省電報：駐イラン和田大使発・外務大臣宛」（1979年3月5日）。

28 当時、通産省経済協力部長であった小長啓一も「日本の外交上の武器は経済協力のみであり、日本の安全保障、石油の安定供給という見地から考えた場合、85％まで進んでいる大プロジェクトを完成させるのは至上命題である」としてナショナル・プロジェクト化の必要性を訴えている（美里 1981:225）。

29 中東協力センターは1973年10月に「財界資源派」である中山素平（日本興銀頭取）、今里広記（海外石油開発社長）らを発起人として設立された民間企業による機関。通産省も予算面で積極的に支援した。

30 出資金額に関しては、ICDC が400億円を要請したのに対し、大蔵省が引き下げを要求し、200億円に落ち着いた（美里1981:230-242）。

31 「EU との意見交換に関するメモ別添（1980年4月9日付）」（外交記録『在イラン米国大使館人質事件』）。

32 『日本経済新聞』（1979年12月15日、12月17日）。

33 通産省の天谷審議官は、80年11月の講演において IJPC について「我が国の経済安全保障上の観点から工事は続行すべきであり、損得計算だけで考えるべきではない」と述べ、採算性の問題から撤退を主張する考え方は「近視眼的」と批判している（『日本経済新聞』1980年11月18日）。

34 外務省はイラン制裁に関する EC との折衝において、先方から関連する話が出ない限り IJPC に関して積極的に発言することは適当でないとしていた（「EC との意見交換に際してのメモ」1980年4月9日付外交記録『在イラン米国大使館人質事件』）。

35 イランの対日原油輸出停止は、日本の制裁の影響に加えて、イラン側より提示された35ドル/バレルの原油価格に対して日本側が受諾しなかったことも影響していた。

36 1980年3月末には経済協力基金から第1回目の出資金28億円が ICDC に払い込まれていた。

37 「私の履歴書：三井物産会長八尋俊邦」『日本経済新聞』（1989年12月23日）。

38 同上。

39 同上。

40 この時点で投融資合計額は3,225億円になっていた。

41 青木雄一氏インタビュー（2017年8月実施）。青木氏は1977年に三井物産に入社、1983〜91年にかけてイラン石油化学推進部にて IJPC プロジェクトにおける保険求償業務に従事し、通産省貿易局長期保険課及びイラン側（NPC）双方と長年に亘り協議を実施した。1991年に保険金額合意に至っている（同年に同推進部は解散）。

42 イラクは、IJPC への攻撃はイランによるイラク南部バスラの大型石油化学施設等の破壊に対する報復であり、イラク側が一方的に自制することは受け入れられないとの立場であった（外交記録『安倍外相イラン、イラク訪問』）。

43「IJPC 問題検討会記録」（1981年9月11日、外交記録『日・イラン石油化学合併』（0973））。

44 当時の日本は欧州全体の 2 倍の量の原油をイランから輸入していた他、当時の通産省審議官であった天谷が述懐する通り、第二次石油危機以降、産油国がメジャーに対する供給量を削減したことで、メジャー経由で日本に入ってくる原油が削減の影響を受けるなど、需給の見通しが不透明であったこともあり、日本企業に高値買いだめ心理が働くのも理解できる環境であった（天谷1982:20-23）。

45「外務省電報：外務大臣発在イラン大使宛」（1981年11月16日）。

46 同日に米国ではカーター大統領が退任し、レーガンが大統領に就任した。レーガン政権は、イラン・イラク戦争ではイラクに対する武器輸出や経済援助を行う一方で、ニカラグア内戦を戦う反共ゲリア（コントラ）への資金援助の原資獲得のために、イランに対しても武器輸出を行っていた。福富（2015:57）は、これは米国が世界における覇権を維持するために、地域的優勢国同士を拮抗させて制御させる戦略の一環であったと解釈している。

47 こうした外務省の通産省に対する配慮が影響してか、テヘラン米国大使館人質事件解決後の1981年3月に田中六助通産相が外務省を通さずイラン政府高官に IJPC 工事再開に関する「独断親書」を渡していたことが同年12月に発覚、伊東正義外相が怒りを露にするという騒動も生じている。この際、鈴木善幸首相は「自分は、親書の存在は知らなかった」と関与を否定しつつ、伊東外相と田中通産相の仲裁に入り、混乱を収束させている（国武2014:101-105）。

48「外務省電報：高橋正太郎駐イラン大使発・外務大臣宛」（1981年11月24日）。

49「外務省電報：中近東第二課発・事務次官宛」（1981年8月13日）。

50 IJPC プロジェクト史（1993:141-161）及び外務省内メモ（大蔵省担当官からの聴取内容、1981年12月8日）。

51「外務省電報：外務大臣発・高橋駐イラン大使宛」（1981年3月11日）。同電報内にて外務省が ICDC 関係者に聴取した内容として「三井が撤退するという話はイラン側との B/A に totally impossibility の場合のみ撤退しうると規定している関係上、totally impossibility の挙証ができないので無理との結論になっている」旨記載されている。

52「安倍＝ヴェラヤティ外相会談後の共同記者会見における大臣発言用メモ」（1984
年4月12日）。

53 同上。

54「外務省電報：外務大臣発・野村駐イラン大使宛」（1984年9月28日）。

55「外務省電報：野村駐イラン大使発・外務大臣宛」（1984年9月27日）。

56「外務省電報：野村駐イラン大使発・外務大臣宛」（1984年9月29日）。

57『朝日新聞』（1987年8月27日）。

58 機会損失を含めると三井物産が失った額は7,600億円と試算された（寺島 2016:32）。

59『日経産業新聞』（1994年8月2日）。

60 SODECO に関しては、ガルフオイル（現在のシェブロン）が撤退した他、2005
年の石油公団廃止により経産省が引き継ぐ形となった。プロジェクト全体での
SODECO 出資比率は30%で不変なるも、ソ連側の70%分に関しては、米メジャー
であるエクソンがオペレーターとして30%参画した他、インド企業も20%参画する
に至り、ソ連（ロシア）企業分は20%まで希釈された。またこの際に、ソ連との契
約体系も、当初の「compensation deal」方式（＝融資・資機材・供給を外国企業
より受けて、開発自体はソ連の国営企業が行い、その生産物を外国企業に与える）
から、1986年より経済復興策として再導入された「生産分与」方式に変更、開発権
を外国企業に付与する形となった。同方式は第二次世界大戦前までは認められてい
たが、第二次世界大戦後、冷戦期には資本主義国に対する敵対関係を意識して廃止
されていた（杉本2015:34-35, 127）。

61 本章の以下記載については、杉本（2015）や外交文書、新聞記事を参考にした。

62 日ソ間の貿易額は、1956年には360万ドルだったが、1960年には1.47億ドル、1963
年には3.2億ドルと急拡大した（財務省通関統計）。

63 外交文書『日ソ・サハリン探鉱プロジェクト（2016-0134)』には、「米国との関係
を中心とした従来の経緯（1984年11月23日）」と題して1970年代の参画協議段階か
らの経緯がまとめられているが、ソ連のアフガニスタン侵攻に関しては一言言及が
あるのみであり、その後のレーガン政権誕生及びポーランド情勢を契機とした米国
との協議部分に多くが割かれている。当該部分の開示には黒塗り部分も多く、機微
な内容であることが窺える。尚、現在、外交文書『アフガニスタン問題/対ソ制裁
措置（2019-0759)』に関して開示請求中であるが、「利用制限の審査に慎重な判断
を要する」として開示保留となっている。一方で『日ソ・サハリン探鉱プロジェク
ト』の記載を踏まえると、アフガニスタン侵攻よりもポーランド戒厳令を契機に日
本にとってサハリン天然ガスプロジェクトを巡る「軍事的・エネルギー安全保障間
のジレンマ」は強まったと推測される。

64 外交文書『日ソ・サハリン探鉱プロジェクト（2016-0134)』内「米国との関係を
中心とした従来の経緯（1984年11月23日）」。親書も添付されているが、ほぼ全て黒
塗りとなっている。

65 既存契約に影響を及ぼさない形での制裁として、日本は1982年2月の段階で「日ソ

科学技術協力協定に基づく委員会の開催に当面応じない、日ソ貿易年次協議、在日通商代表部の拡充を当面検討しない」旨を決定していた。結局、日ソ経済委員会合同会議を含めて一連の会議が再開されるのは1984年末以降のことであった（宮沢官房長官談話（1982年2月）、『朝日新聞』（1984年12月15日））。

66 具体的には、「生産開始されたとしてもサハリンLNGが一次エネルギーに占める割合は0.7％、石油が占める割合は0.2％であり依存度は低い」と指摘していた（外交文書『日ソ・サハリン探鉱プロジェクト（2016-0134）』内「米国との関係を中心とした従来の経緯」（1984年11月23日））。

67 外交文書『日ソ・サハリン探鉱プロジェクト』（2016-0134）内の経済局国際エネルギー課資料「サハリンLNGプロジェクトの現状」（1984年1月24日）にて、「本件については中曽根総理が慎重であり、従って、少なくとも明年日米首脳会談までは動かないという見方もある。総理が何故慎重かということは日ソ関係の全体的とり進めに係ることであり、極めて政治的な問題と了解している。」との記載がある。

68 『朝日新聞』（1984年12月18日）。

69 外交文書『日ソ・サハリン探鉱プロジェクト（2016-0132）』内、外務省資料「サハリン・プロジェクトに対するわが方基本的考え方」（1984年11月20日）。

70 外務省外交記録『日米資源・エネルギー』（2016-2504）内、「1984年中曽根総理訪米に向けた想定質疑」。F/SとはFeasibility Study（事業性調査）の略。

71 外務省外交記録「1985年3月8日手島外審発言（第5回日米エネルギー作業部会）」。

72 外務省外交記録「1984年中曽根総理訪米に向けた想定質疑」『日米資源・エネルギー』。

73 同上。

74 同上。

75 外務省報告・供覧（1984年11月30日）「サハリン石油開発協力㈱小林社長の西山欧亜局長訪問（サハリン・プロジェクトの現状に関する説明)」。

76 クウェート侵攻前は約15ドル／バレルであったが、侵攻後は約40ドル／バレルまで上昇した。

77 『朝日新聞』（1991年4月11日）。

78 同上（1991年11月3日）。

79 同上。

80 三井物産連合は、開発拠点のサハリン州で道路・港湾等、社会資本整備のための資金協力も申し入れたことが落札の勝因とされた（『朝日新聞』1992年1月29日）。

81 サハリン1に関してはエクソンが参画、サハリン2に関しては三菱商事とシェルが参画し、更にその後ロシアのガスプロムが過半数株式を取得している。

82 米国政府がイラン・リビア制裁法（ILSA）の適用をちらつかせていたため、米国でビジネスを行うトーメン及び同社が出資を受けるトヨタグループ全体にとってリスクが高かった（『朝日新聞』2003年12月14日）。

83 本章の以下記載については、中嶋（2009）や新聞記事を参考にした。

84 『朝日新聞』（2000年2月3日）、『読売新聞』（2000年2月29日）。

85 イラン石油省の高官は、「欧州勢は米国企業と競合しており、欧州勢主導の計画より日本主導の方が、米国企業を呼び込みやすい」と語っている（『朝日新聞』2001年7月10日）。

86 イラン・リビア制裁法は、2004年にリビア関連の制裁が解除されたが、イランに関しては2006年10月失効後も、兵器関連技術の販売まで適用拡大した「イラン自由支援法」として継続している。

87 『朝日新聞』（2004年2月20日）。

88 同上（2003年6月29日）。

89 外務省事務次官会見要旨記録（2009年8月23日）。

90 米国政府が ILSA の適用をちらつかせていたため、米国でビジネスを行うトーメンにとってはリスクが高かった。また当時、トーメンはトヨタグループ傘下に入り、経営再建中であったため、米国で業績を拡大していたトヨタ自動車への影響も考慮に入れたとされている（『朝日新聞』2003年12月14日）。

91 JOGMEC は独立行政法人、JAPEX も経産大臣が株式の3割超を保有する筆頭株主であり、経産省の影響が強かった。尚、INPEX も経産大臣が筆頭株主ではあるが、保有比率は2割弱であり、比較的民間企業の性質が強かった。

92 日本とイランの契約では、日本側は開発に投資した資金を生産した石油で回収できる権利を得るという「バイバック」形式が採用されており、原油採掘の権益を得た訳ではなかった。そのため、開発が順調に進まなければ、石油が出ずに十分な資金回収ができない恐れがあった（『朝日新聞』2004年2月20日）。

93 『朝日新聞』（2004年8月13日）。

94 これを受けて、同年9月には、IAEA において、イランのウラン濃縮関連・再処理活動の再停止を求める決議が採択されている。

95 『朝日新聞』（2006年1月23日）。

96 『日本経済新聞』（2006年6月5日）。

97 『朝日新聞』（2006年6月3日）。

98 『日本経済新聞』（2006年10月7日）。

99 『朝日新聞』（2006年10月27日）。

100 同上（2007年10月26日）。

101 同上（2009年5月28日）。

102 同上（2009年10月20日）。

103 同上（2010年2月10日）。

104 同上（2010年7月2日）。

105 同上（2010年7月27日）。

106 同上（2010年9月3日）。

107 同上（2010年8月11日）。

108 同上（2010年8月14日）。

109 同上（2010年9月24日）。

110 同上（2010年10月1日）。尚、2008年2月には試験的生産が開始されていた。

111 INPEX プレスリリース（2010年10月15日）。
   https://www.inpex.co.jp/news/assets/pdf/20101015.pdf

112 『朝日新聞』（2010年10月1日）。

113 Reuters, October 24th, 2016.

114 Ibid., April 30th, 2014.

115 外務省ホームページ「イランの核問題」（2004年6月）。
   https://www.mofa.go.jp/mofaj/gaiko/atom/iran_kaku.html

116 外交文書『日ソ・サハリン探鉱プロジェクト（2016-0134）』内「米国との関係を中心とした従来の経緯（1984年11月23日）」。

117 BP Statistics によれば、2018年のドイツのパイプライン経由の天然ガス輸入の約55%がロシアからである。残りはノルウェーが約25%、オランダが約16%となっている。

118 JOGMEC レポート「ロシア：米国による対露制裁」（2020年2月26日）。
   https://oilgas-info.jogmec.go.jp/info_reports/1008604/1008706.html

119 Reuters, June 13th, 2019.

120 『朝日新聞』（2020年5月19日）。

121 『日本経済新聞』（2021年4月12日）。

122 同上（2021年5月26日）。

123 2022年2月のロシアによるウクライナ侵攻を受けて、ドイツはノルド・ストリーム2の運用に向けた動きを停止。更に2022年9月にはノルド・ストリーム及びノルド・ストリーム2が爆破された結果、ドイツの同パイプラインによるロシアからの天然ガス輸入は停止した。

124 前述の通り、1973年時点でイタリアの一次エネルギーに占める石油の割合は75%であった（BP Statistics）。

125 OPEC 加盟国はその後も増加し、1960年代には10カ国、1970年代には13カ国となり、世界の原油生産に占めるシェアは5割強となった。

126 ENI による公開データを参照。

127 第一次石油危機発生前の1973年1月に英国も加盟をしていた。

128 『JOGMEC 石油/天然ガス レビュー』（2001年9月）。

129 『中東経済研究所 情勢分析』（2001年7月）。

130 同上。

131 同上。

132 Reuters, February 1st, 2007.

133 Oil& Gas, May 22nd, 2009.

134 トタルは1998年までにフランス政府所有の株式比率を5.4%まで引き下げ、事実上民営化されていた。スタトイルはノルウェー政府が大株主の実質的な国営エネル

ギー企業である。

135 Reuters, June 20th, 2017.
136 例えば、ENI はイラン・ダルホビン油田開発の他にも、モザンビークで進める Area4 LNG プロジェクトについて、イスラム勢力によるテロ活動が激化したことを受けて、従来の陸上液化施設に基づく開発計画を一旦凍結し、まずは沖合における Floating LNG によって当初計画の30％程度の規模から開始するという判断をするなど、現地情勢を踏まえて可能な限り経済性が確保できるような対応を行っている。
137 『日本経済新聞』（2016年6月8日）。
138 『産経ビジネス』（2016年12月10日）。
139 資源エネルギー庁「石油備蓄の現況」（2023年2月）。
https://www.enecho.meti.go.jp/statistics/petroleum_and_lpgas/pl001/pdf/2023/230215oil.pdf
140 経済産業省「クウェート国との共同石油備蓄事業の開始に合意」（2020年12月1日）。
https://www.meti.go.jp/press/2020/12/20201201001/20201201001.html
141 経済産業省「2021 年度エネルギー需給実績（確報）参考資料」（2023年4月21日）。
https://www.meti.go.jp/press/2023/04/20230421001/20230421001-1.pdf
142 経済産業省「第6次エネルギー基本計画」（2021年10月22日）。
https://www.meti.go.jp/press/2021/10/20211022005/20211022005-1.pdf
143 NHK「サハリン2 三井物産と三菱商事 新会社に参画の方針決める」（2022年8月25日）。
https://www3.nhk.or.jp/news/html/20220825/k10013786811000.html
144 EC press release, 8 March 2022.
https://ec.europa.eu/commission/presscorner/detail/en/IP_22_1511
145 City A.M., 3 March 2022.
https://www.cityam.com/germany-rules-out-energy-sanctions-on-russia-amid-spiralling-gas-prices/
146 RWE press release, 25 September 2022.
https://www.rwe.com/en/press/rwe-ag/2022-09-25-rwe-and-adnoc-agree-on-first-lng-delivery
147 ADNOC press release, 15 February 2023.
https://www.adnoc.ae/en/news-and-media/press-releases/2023/first-middle-east-lng-cargo-to-germany-successfully-delivered-by-adnoc
148 ENI press release, 23 January 2023.
https://www.eni.com/en-IT/media/press-release/2023/01/eni-sonatrach-sign-strategic-agreements-accelerate-emissions-reduction.html
149 ENI press release, 19 June 2022.
https://www.eni.com/en-IT/media/press-release/2022/06/eni-entra-grande-proget

to-gnl-qa
tar.html
150 Cedigaz データを参照。
151 『日本経済新聞』(2018年10月3日)。
152 経済産業省「西村経済産業大臣がオマーンに出張しました」(2022年12月27日)。
https://www.meti.go.jp/press/2022/12/20221227008/20221227008.html
153 柳沢崇文「エネルギー危機の時代、調達における政府の関与拡大が必要な理由」
『日経ビジネス』(2022年10月12日)。
https://business.nikkei.com/atcl/seminar/19/00023/100700354/
154 資源エネルギー庁「化石燃料を巡る国際情勢等を踏まえた新たな石油・天然ガス
政策の方向性について」(2022年11月18日)。
https://www.meti.go.jp/shingikai/enecho/shigen_nenryo/sekiyu_gas/pdf/019_03_
00.pdf

各プロジェクト年表

■イラン・IJPCプロジェクト

1968年11月	三井物産の若杉末雪副社長含む訪イラン政府ミッション →イラン側より石油化学プロジェクト招致、三井物産が検討開始
1971年 2月	テヘラン協定締結 （OPEC諸国の要請で欧米メジャーが原油価格引き上げに同意）
4月	植村甲午郎経団連会長らの訪イラン政府ミッション （イランが石油化学事業をロレスタン石油鉱区入札の付帯条件に）
6月	三井物産の若杉社長が石油化学プロジェクト参画を原則承認 （イランが日本企業に対するロレスタン鉱区の付与を内定）
7月	石油化学プロジェクト覚書及びロレスタン開発協定書に調印
8月	ニクソン・ショック（金ドル兌換停止）
10月	IJPC Basic Agreement（B/A、基本協定)調印
12月	ICDC（イラン化学開発株式会社）設立（在虎ノ門） （三井物産 49％、東洋曹達31％、三井東圧化学15％、三井石油化学5％）
1972年10月	イラン側B/A批准、発効 （180日以内に合弁会社としてのIJPC設立義務）
1973年 4月	ICDCに日本合成ゴム参画 （三井物産45％、東洋曹達30％、三井東圧化学15％、三井石油化学5％、日本合成ゴム5％） IJPC設立（NPC（＝イラン国営石油化学会社）：ICDC=50％:50％）
10月	第四次中東戦争、第一次石油危機
11〜12月	IJPCプロジェクト工業用地造成開始、コントラクター構想決着
12月	OPEC テヘラン会議で約12ドル/バレルに原油公定価格値上げ決定（1974年1月より適用）
1974年 3月	資機材高騰等でIJPC資金困難、事業計画を相次いで練り直し （事業計画が定まらず、日本輸出入銀行との融資交渉も開始できず）

1975年11月	5,500億円の総事業費予想で再開（当初は約1,300億円）
1976年 6月	出資比率変更（三井物産45％、東洋曹達15％、三井東圧化学22％、三井石油化学13％、日本合成ゴム5％） ＊東洋曹達の出資比率が半減
8月	日本輸出入銀行による IJPC に関するローン・アグリーメント締結
9月	IJPC 建設実施作業開始
1977年12月	日本側が NIOC にロレスタン石油鉱区を返還
1978年 1月	イランにて反国王デモが発生し、各地で反体制運動が激化
9月	福田赳夫首相訪イラン
9〜10月	IJPC においてもイラン人ストライキ発生
1979年 2月	ホメイニ師イラン帰国、IJPC サイトもホメイニ派に占拠
3月	三井物産・NPC 間で不可抗力宣言による日本人引き揚げ合意 （3ヵ月間）
4月	イランがイスラム共和国宣言 三井物産の池田芳蔵社長の後任に ICDC 社長の八尋俊邦副社長、後任の ICDC 社長に元通産次官の山下英明常務（77年三井物産入社） イランが外国企業との合弁事業国有化を発表するも IJPC は例外に （日本政府内で IJPC が「両国の友好関係のシンボル」として認識）
6月	建設計画が日・イで合意に達せず、工事中断期間を更に3ヵ月延長
7月	山下（ICDC 社長）＝アベティ（NPC 社長）覚書：9月末までの予算作成と追加資金の日本側負担の確認（所要資金総額は7,500億円）
9月	天谷直弘通産省審議官、小長啓一経済協力部長ら関連四省庁（大蔵、通産、外務、経企庁）、日本輸出入銀行、経済協力基金によるミッションが訪イラン 大平正芳内閣で政府出資の基本方針決定
10月	政府出資（200億円）を2年間で分割実施することを閣議決定 江崎真澄通産相が訪イラン、原油供給依頼と共に11月の IJPC 工事再開伝達 テヘランの米国大使館の占拠事件発生（IJPC の工事再開延期）

各プロジェクト年表

11月	大来佐武郎外相がイラン非難（→翌日、テヘラン日本大使館に銃撃）
12月	米国がイランに対する経済制裁発表
1980年 1月	イラン石油相、日本側に早期工事再開するよう警告（2週間以内に再開しなければイラン独自に東欧諸国の協力を得ると脅し） 　→日本政府として早期再開方針を再度伝達、ICDC 幹部が現場視察
3月	政府出資のための海外経済協力基金によるミッションが現場視察 海外経済協力基金、ICDC へ第1回分28億円を出資（政府出資）
4月	米国、イランと断交 EC 外相理事会がイランからの大使帰国等の制裁決定 →日本も同調 通産省が IJPC を除外した対イラン輸出抑制ガイドライン発表 イラン側が対日原油輸出を停止（経済制裁に対する報復）
5月	日本政府が対イラン・ビザ規制決定 日本が対イラン第二次経済制裁決定
6月	通産省が ICDC に対して IJPC 再開を「アドバイス」 ICDC と NPC で IJPC 工事再開合意
8月	IJPC 株主総会で工事再開正式決定 海外経済協力基金、ICDC へ第2回分26億円出資
9月	イラン・イラク戦争勃発 イラク軍による IJPC サイト空爆（以後、複数回の空爆）
10月	大蔵省、海外経済協力基金経由での出資凍結決定
10～11月	IJPC フォースマジュール宣言で日本人帰国（2度目の中断）
1981年 1月	テヘラン米国大使館人質事件が解決 米国大統領がカーターからレーガンに交代
4月	日本輸出入銀行が ICDC に対し、対イラン貸付金の金利棚上げ困難と回答、ICDC は負担能力を超えるとして4月以降の送金停止を決定
6月	ICDC 取締役会、B/A 改定交渉方針を決定
7月	ICDC 交渉団訪イラン、ICDC ＝ NPC 第1次交渉
10月	イラク軍による第6次サイト空爆
11月	NPC 交渉団来日、第2次日・イ交渉

12月	朝刊一面に「田中前通産省が同年3月に「独断親書」伊東外相激怒」
1981〜83年	合計8回の日・イ面談
1983年 7月	B/A の補完協定（Supplementary Agreement, S/A）締結 （イラン側が費用負担を承諾、日本側は戦時下でも建設再開を約束）
1984年 2月	イラク軍による第7・8次サイト空爆（→周辺作業を除いて中断）
6月	イラン、イラク両国が国連事務総長の都市攻撃中止勧告を受諾
9月	イラク軍が事前予告無しにサイトを空爆（第9・10次）
10月	IJPC、90日間の工事停止を決定（通算3度目）
1985年 4月	イラン国会が S/A 批准を否決
1985〜89年	ICDC＝NPC 交渉（イラン側が日本の送金停止に対抗して、日本からの借入金の元利送金を停止、ICDC が肩代わり）
1987年8月	ICDC、海外投資保険約款に基づき「危険発生通知書」を通産省に提出
1988年8月	イラン・イラク戦争停戦発効
1989年 6月	ホメイニ師死去、翌月ラフサンジャニ大統領（革新派）誕生
1989年10月	IJPC「合弁事業解消合意書」（Deed of Separation）締結 日本はイランに対して清算金1,300億円を支払
1991年 7月	通産省は保険金を777億円（希望額は930億円）に決定
9月	ICDC 解散承認→12/20に清算結了

■ソ連・サハリン天然ガスプロジェクト

1966年 3月	第1回日ソ経済委員会合同会議開催 （ソ連よりサハリン天然ガス事業提案）→日ソ間参画協議開始
1969年 1月	米国ニクソン大統領就任→ソ連とのデタント開始
1973年10月	第一次石油危機発生 田中角栄首相訪ソ、サハリン天然ガスプロジェクトに関して協議
1974年 4月	日ソ間でサハリン天然ガスプロジェクトに関して大筋合意
8月	米国ニクソン大統領ウォーターゲート事件で任期途中で辞任
10月	日本側投資会社としてサハリン石油開発協力（SODECO）発足 （海外石油開発、石油資源開発、伊藤忠商事、丸紅、ガルフオ

		イル）
1975年	1月	SODECO=ソ連間で基本条約締結
1976年	5月	日ソ政府間で交換公文署名
		（サハリン天然ガス事業のナショナル・プロジェクト化）
1977年	1月	米国カーター大統領就任
1977～83年		サハリン地域のガス探査（基本的にSODECO主導でソ連と協議）
1979年	12月	ソ連のアフガニスタン侵攻→米ソ・デタント崩壊
1980年	1月	米国カーター政権が対ソ経済制裁発動→ソ連向け資機材輸出制限
	6月	SODECOとして必要な資機材輸出承認を米国より取得
	10月	独仏伊もシベリア天然ガス事業の資機材輸出承認を米国より取得
1981年	1月	米国レーガン大統領就任
	12月	ポーランドにおける労働組合弾圧のための戒厳令、ソ連支持
		→レーガン政権、対ソ制裁決定
1982年	6月	レーガン政権、対ソ制裁対象を拡大
	11月	レーガン政権、対ソ制裁解除（西欧＋日本による要請受諾）
		中曽根康弘首相就任
1985年	12月	サウジアラビア、石油調整役を放棄、1986年より石油増産開始
		→「逆オイルショック」の発生
1986年	6月	ソ連がサハリン天然ガス事業は経済性が見込めない旨通知
		→プロジェクト凍結
1989年	12月	マルタ会談で米ソ冷戦終結
1990年	8月	イラクのクウェート侵攻、原油価格急騰
	12月	SODECO=ソ連間で1991年より開発着手することで基本合意
		（サハリン1）
1991年	8月	ソ連が新規のサハリン北東部沖合の天然ガス開発の国際入札実施
	10月	中尾通産相がソ連訪問、新規ガス開発の政府支援を明言
	12月	ソ連消滅
1992年	1月	ロシア政府より、三井物産＝米国企業連合が新規ガス田落札と
		発表（サハリン2）
2022年	2月	ロシアによるウクライナ侵攻を受けて、シェルがサハリン2より
		撤退表明→三井物産と三菱商事は日本政府による要請を受ける
		形で出資継続を決定

■イラン・アザデガン油田プロジェクト

1999年 9月	イラン政府が「国内最大の油田」として公表
2000年 2月	アラビア石油が自主開発油田であるカフジ油田の採掘権を失効
4月	通商産業省（2001年より経済産業省）がイランと交渉開始
11月	ハタミ大統領と森首相が東京で面談 （アザデガン油田開発の優先交渉権を日本企業が取得）
2001年 1月	米国でブッシュ(子)大統領が就任
4月	小泉純一郎首相就任
6月	インドネシア石油（後の国際石油開発＝INPEX）と石油資源開発がイラン側に開発計画書を提出→インドネシア石油、石油資源開発、トーメンの官民連合に、ロイヤル・ダッチ・シェルが加わり、交渉開始
7月	平沼経産相がイラン訪問、年内交渉決着を確認
9月	米国で9.11.同時多発テロが発生
2002年 1月	ブッシュ(子)大統領がイラン、イラク、北朝鮮を「悪の枢軸」として非難
8月	イラン反体制派組織がイラン政府による核燃料施設建設等、秘密裏の原子力活動を暴露→イラン核開発疑惑が国際問題に
12月	一度目の交渉期限もまとまらず、期限を半年延長
2003年 3月	米国によるイラク戦争開始
6月	パウエル国務長官が川口外相にアザデガン油田協議の再考を要望 二度目の交渉期限もまとまらず、日本の優先交渉権が失効
12月	日本側当事者の一員トーメンが交渉からの離脱を表明 イランがIAEAの強制的な核査察を認める追加議定書に調印 日本がイラクに自衛隊を派遣
2004年 2月	イランの国会議員選挙で保守派が圧勝 INPEXら日本の企業連合がアザデガン油田の75%の権益と油田開発権を獲得も、ロイヤル・ダッチ・シェルは不参加表明
8月	米国のパウエル国務長官が日本に対イラン投資の再考要求
2005年 8月	イランでアフマディネジャド大統領就任、核開発継続を表明
2006年 4月	イラン政府が低濃縮ウランの製造に成功したと宣言
7月	国連安保理が、イラン政府に対し、ウラン濃縮活動を停止しない

	場合経済制裁を発動すると警告→イランは拒否
	イランが日本に対して9月末までの開発着手を強く要請
9月	安倍晋三首相就任
10月	INPEX が75%の権益を10%に縮小すると発表
	国連安保理に英仏独による対イラン制裁案提出
12月	国連安保理で対イラン制裁決議（ウラン濃縮の全面停止要求）
2007年 3月	国連安保理で対イラン追加制裁決議（ウラン濃縮の即時停止要求）
5月	米国・イラン間でイラク治安問題に関して直接協議（核問題の進展は無し）
9月	福田康夫首相就任
10月	米国が単独で対イラン経済制裁決定
11月	IAEA 査察によりイランにおける核物質の軍事転用は無いと認定
2008年 2月	IAEA 査察により再度イランにおける核物質の軍事転用は無いと認定
3月	国連安保理にて対イラン制裁決議
4月	イラン、制裁に反発しウラン濃縮拡大
7月	イランが弾道ミサイル発射実験
9月	麻生太郎首相就任
2009年 1月	中国 CNPC が北アザデガン油田の開発で合意
	米国オバマ大統領就任
4月	イランが「核技術の日」の式典にてウラン濃縮を拡大している旨宣言
6月	イランでアフマディネジャド大統領再選
	選挙を巡り改革派デモ→政権による弾圧
9月	鳩山由紀夫首相就任
	オバマ大統領主導で国連総会にて「核無き世界を目指す」決議採択
	イランがミサイル発射実験
10月	P5+1 とイラン間で核問題を巡る協議開始
2010年 2月	イランがウラン濃縮活動再開
6月	菅直人首相就任
	国連安保理で対イラン制裁決議（オバマ政権下で初）
	イランが IAEA の査察官の入国禁止
7月	米国が独自の対イラン制裁（EU も同様に制裁）

8月	イランにおいてロシア建設のブシェール原発が稼働開始（米国容認）
9月	日本も独自の対イラン追加制裁
	英蘭シェル、仏トタル、伊 ENI がイランの石油開発の撤退発表
10月	INPEX がアザデガン油田からの完全撤退を発表
2011年 3月	中国 CNPC がアザデガン（=南アザデガン）油田の開発で合意
2014年 5月	中国 CNPC が南アザデガン油田の開発遅延で開発契約終了
2016年 4月	中国 CNPC が北アザデガン油田の本格生産開始

■西ドイツ（ドイツ）のソ連（ロシア）天然ガス輸入協議

1969年 1月	米国ニクソン大統領就任（→米ソ・デタント）
7月	西ドイツ経済省の承認を受けて同国 Ruhrgas、Mannersmann、Thyssen Rohrenweke がソ連との間で天然ガス輸入協議を開始
1970年 2月	西ドイツ企業・ソ連間で初の天然ガス購入契約が締結
1972年 2月	米国が欧州向け濃縮ウラン輸出基準を厳格化
1973年 3月	西ドイツの民間電力会社 RWE と欧州原子力共同体（EURATOM）がソ連との間でミュンヘンにおける原子力関連施設建設に関して協議（→経済性を理由に 1976 年に断念）
1973年9月	東西ドイツ、国際連合に同時加盟
10月	第一次石油危機発生
1974年11月	西ドイツ、原加盟国として IEA 加盟（フランスは加盟せず）
1979年 2月	イラン・イスラム革命
3月	米国でスリーマイル島原発事故発生
5月	英国サッチャー首相就任
7月	ニカラグア革命
11月	テヘラン米国大使館人質事件発生
12月	NATO の Double-Track Decision（ワルシャワ条約機構に軍縮を呼びかける一方で、西欧には核兵器搭載の中距離弾道ミサイル配備を決定）
	ソ連がアフガニスタン侵攻（→米ソ・デタント崩壊）
1980年 1月	米国カーター政権が対ソ経済制裁発動→ソ連向け資機材輸出制限
10月	独仏伊がシベリア天然ガス事業の資機材輸出承認を米国より取得

各プロジェクト年表

1981年	1月	米国レーガン大統領就任
	11月	西ドイツ Ruhrgas がソ連の天然ガス貿易会社 Soyuz Gas Export と新たな天然ガス購入契約を締結
	12月	ポーランドにおける労働組合弾圧のための戒厳令、ソ連支持 →レーガン政権、対ソ制裁決定
1982年	6月	レーガン政権、対ソ制裁対象を拡大
	11月	レーガン政権、対ソ制裁解除（西欧＋日本による要請受諾）
1989年	12月	マルタ会談で米ソ冷戦終結
1990年	10月	東西ドイツ統一
2000年	5月	ロシア・プーチン大統領就任
2001年	1月	米国ブッシュ（子）大統領就任
	4月	ドイツ Ruhrgas とロシア・ガスプロム等がウクライナを迂回するノルド・ストリーム建設の共同の事業性調査を行うことで合意
2005年	9月	ドイツ E.ON（旧 Ruhrgas）とロシア・ガスプロムを中心とするノルド・ストリーム建設の基本契約が締結
	11月	ドイツ・メルケル首相就任
2011年	3月	福島原発事故→ドイツとして脱原発方針決定
	11月	ノルド・ストリーム操業開始 （→ノルド・ストリーム2構想検討開始）
2014年	2月	クリミア危機
	3月	ロシアがクリミア併合決定→欧米による経済制裁決定
2015年	1月	ノルド・ストリーム2協議を凍結
	6月	ガスプロム、E.ON を中心にノルド・ストリーム2建設合意
2017年	1月	米国トランプ大統領就任
	8月	米国トランプ政権として対ロシア制裁決定
2018年	1月	ドイツがノルド・ストリーム2の建設開始を認可
2019年	1月	ドイツの米国大使が E.ON らの関連企業に建設停止を要求
	12月	米国トランプ政権としてノルド・ストリーム2への経済制裁決定
2021年	1月	米国バイデン大統領就任
	5月	米国バイデン大統領、ノルド・ストリーム2完工を容認
2022年	2月	ロシアによるウクライナ侵攻を受け、ドイツはノルド・ストリーム2の運用に向けた動きを停止
	9月	ノルド・ストリーム1、2が爆破、ドイツの同パイプライン経由

	でのロシアからの天然ガス輸入停止

■イタリアの石油調達関連

1953年 2月	国営石油開発会社として ENI 設立、マッテイが CEO に就任
1957年 3月	ENI、イラン国営石油と石油開発契約を締結（AGIP 名義）
	（イラン側企業にも経営参画させる画期的な内容）
1958年12月	ENI、ソ連との間で石油購入契約締結
1959年 2月	石油メジャーが産油国の事前了承なく中東原油価格引き下げ
	（アラビアンライト：2.08ドル／バレル→1.90ドル／バレル）
1960年 8月	石油メジャーが再び一方的に中東原油価格引き下げ
	（アラビアンライト：1.90ドル／バレル→1.80ドル／バレル）
9月	OPEC 設立（石油メジャーの一方的原油価格引き下げに反発）
1961年 8月	米国ラスク国務長官が ENI マッテイと面談、ソ連からの石油購入自制を要請（マッテイは企業活動であるとして反発）
1962年10月	ENI マッテイ、自家用飛行機の墜落により事故死
1967年 6月	第三次中東戦争勃発（→ ENI はスエズ運河を迂回してリビアやソ連から石油調達）
1969年 2月	ENI、ソ連との間で天然ガス購入契約締結
5月	ENI、リビアとの間で石油・天然ガス購入契約締結（AGIP 名義）
1973年10月	第四次中東戦争→第一次石油危機発生
11月	欧州共同体としてイスラエルを非難する声明発表
1974年 1月	イタリア・モロ外相、サウジアラビアとアルジェリア訪問
2月	イタリア・モロ外相、米国における消費国エネルギー会議出席
11月	IEA 設立（イタリア原加盟国）
1976年11月	ENI、アルジェリアとの間で天然ガス購入契約締結
	（SNAM とソナトラックによるパイプライン建設合意）
1979年 1月	イラン・イスラム革命→第二次石油危機
1986年 2月	「逆オイルショック」（約30ドル／バレル→約15ドル／バレルに急落）→石油の市場化
1992年 7月	イタリア政府が ENI 民営化を決定、段階的に民間に株式売却
1995年11月	ENI、NY 株式市場に上場

各プロジェクト年表

2001年	1月	米国ブッシュ（子）大統領就任
	6月	ENI、イラン国営石油との間でダルホビン油田開発で合意
	9月	9.11.テロ発生
2002年	1月	米国ブッシュ（子）大統領、イランを「悪の枢軸」として非難
	8月	イラン反体制派組織がイラン政府による核燃料施設建設等、秘密裏に行われてきた原子力活動を暴露→イラン核開発疑惑が国際問題
2003年	3月	米国によるイラク戦争（イタリア・ベルルスコーニ政権として支持）
2004年	2月	イランの国会議員選挙で保守派が圧勝
2005年	8月	イラン大統領に強硬派アフマディネジャド就任
2006年	4月	イラン政府が低濃縮ウランの製造に成功したと宣言
	7月	国連安保理がイラン政府に対しウラン濃縮活動を停止しない場合、経済制裁を発動すると警告→イランは拒否
	10月	国連安保理に英仏独による対イラン制裁案提出
	12月	国連安保理で対イラン制裁決議（ウラン濃縮の全面停止要求）
2007年	2月	ENI、ダルホビン油田の本格生産開始
	3月	国連安保理で対イラン追加制裁決議（ウラン濃縮の即時停止要求）
	5月	米国・イランがイラク治安問題に関して直接協議（核問題の進展無し）
	10月	米国が単独で対イラン経済制裁決定
	11月	IAEA査察によりイランにおける核物質の軍事転用は無いと認定
2008年	2月	IAEA査察により再度イランにおける核物質の軍事転用は無いと認定
	3月	国連安保理にて対イラン制裁決議
	4月	イラン、制裁に反発しウラン濃縮拡大
	7月	イランが弾道ミサイル発射実験
2009年	1月	米国オバマ大統領就任
	4月	イランが「核技術の日」の式典にてウラン濃縮拡大している旨宣言
	5月	ENI、ダルホビン油田に関する追加投資に合意
	6月	イランでアフマディネジャド大統領再選選挙を巡り改革派デモ→政権が弾圧
	9月	オバマ大統領主導で国連総会にて「核無き世界を目指す」決議採択

		イランがミサイル発射実験
	10月	P5+1 とイラン間で核問題を巡る協議開始
2010年	2月	イランがウラン濃縮活動再開
	6月	国連安保理で対イラン制裁決議（オバマ政権下で初）
		イランが IAEA の査察官の入国禁止
	7月	米国が独自の対イラン制裁決定（EU も同様に制裁決定）
	8月	イランにおいてロシア建設のブシェール原発が稼働開始（米国容認）
	9月	ENI がイラン・ダルホビン油田開発からの撤退を発表
2015年	7月	イランと P5+1 が「包括的共同行動計画（JCPOA）」に合意
2017年	6月	ENI がイランとの間でダルホビン油田開発に関する事業性調査再開の契約締結

出典：本書記載を元に筆者作成

参考文献

◎邦語文献

天谷直弘（1982）『日本株式会社・残された選択』PHP研究所

飯尾潤（2007）『日本の統治構造』中公新書

五百旗頭真（1989）「国際環境と日本の選択」『講座国際政治四　日本の外交』（有賀貞・宇野重昭・木戸蓊・山本吉宣・渡辺昭夫編、東京大学出版会）、18〜51頁

池上萬奈（2014）「第一次石油危機における日本外交—アラブ諸国と米国の狭間で」『国際政治』第177号、142〜155頁

池田明史（2015）「石油危機と中東外交の「転換」」『国際問題』第638号、16〜25頁

石山幸彦（2018）「ヨーロッパ石炭鉄鋼共同体による石炭共同市場の開設」『エコノミア』第68巻第2号、1〜22頁

猪口孝・岩井奉信（1987）『「族議員」の研究』日本経済新聞社

岩瀬昇（2016）『原油暴落の謎を解く』文春新書

内山融（1998）『現代日本の国家と市場—石油危機以降の市場の脱〈公的領域〉化』東京大学出版会

内山融（2000）「1970年代における日本国家の介入様式の変容」『日本比較政治学会年報』第2号、159〜176頁

内山融（2007）「事例分析という方法」『レヴァイアサン』第40号、190〜195頁

梅野巨利（2009）「イラン・ジャパン石油化学プロジェクト誕生過程の史的分析」『国際ビジネス研究』第1巻第2号、133〜145頁

小野沢透（2016）『幻の同盟（上）（下）』名古屋大学出版会

神原達（1975）「西ドイツ石油産業の最近の動向（1）」『石油の開発』第8巻第2号3〜9頁

草野厚（1983）『日米オレンジ交渉—経済摩擦をみる新しい視点』日本経済新聞社

国正武重（2014）『伊東正義』岩波書店

久米郁男他（2011）『政治学　補訂版』有斐閣

河野勝（2001）「「逆第二イメージ論」から「第二イメージ論」への再逆転？」『国際政治』第128号、12〜29頁

河野勝・竹中治堅編（2002）『アクセス比較政治学』日本経済評論社

橘川武郎（2004）「エンリコ・マッテイと出光佐三、山下太郎—戦後石油産業の日伊比較」『企業家研究』第1号、1〜17頁

橘川武郎（2011）『通商産業政策史10資源エネルギー政策』経済産業調査会

古城佳子（1998）「国際政治経済学の動向（上）（下）」『国際問題』第456号、70
　〜80頁、第457号、57〜66頁

古城佳子（2010）「国際政治と規制緩和、構造改革-国際政治の変化と圧力」『構造
　問題と規制緩和』（寺西重郎編、慶応義塾大学出版会）、46〜76頁

小宮京（2013）「戦後財閥再編史とIJPC」『アジ研ワールド・トレンド』第211号、
　42〜45頁

佐藤英夫（1995）「東西関係の変化と日米関係」『日米関係通史』（細谷千博編、東
　京大学出版会）、228〜263頁

白鳥潤一郎（2015）『「経済大国」日本の外交：エネルギー資源外交の形成1967-19
　74年』千倉書房

杉本侃（2015）『サハリンの石油天然ガス開発：日ロエネルギー協力の歴史と期待』
　日本評論社

鈴木均（2013）「IJPC プロジェクトを再考する」『アジ研ワールド・トレンド』
　第211号、32〜35頁

島田悦子（2004）『欧州石炭鉄鋼共同体：EU 統合の原点』日本経済評論社

添谷芳秀、ロバート・D・エルドリッチ（2008）「危機の中の日米関係—1970年代」
　『日米関係史』（五百旗頭真編、有斐閣）、233〜259頁

高杉良（2005）『勇者たちの撤退：バンダルの塔』徳間書店

高安健将（2009）『首相の権力—日英比較からみる政権党とのダイナミズム』創文
　社

武田悠（2015）『「経済大国」日本の対米協調』ミネルヴァ書房

田中明彦（1989）「日本外交と国内政治の連関-外圧の政治学」『国際問題』第348
　号、23〜36頁

谷口将紀（1997）『日本の対米貿易交渉』東京大学出版会

恒川恵市（1996）『企業と国家』東京大学出版会

津村光信（1971）「ドイツ石油供給会社（DEMINEX）と政府の助成について」
　『JOGMEC 石油・天然ガスレビュー』、3〜16頁

寺島実郎（2016）『中東・エネルギー・地政学』東洋経済新報社

中嶋猪久生（2009）『資源外交 連戦連敗?アザデガン油田の蹉跌』洋泉社

中嶋猪久生（2015）『石油と日本 苦難と挫折の資源外交史』新潮社

中原圭介（2015）『石油とマネーの新・世界覇権図』ダイヤモンド社

縄田浩志編（2021）『現代中東の資源開発と環境配慮』法律文化社

服部龍二（2015）『中曽根康弘 「大統領的首相」の軌跡』中公新書

保城広至（2008）『アジア地域主義外交の行方：1952-1966』木鐸社

保城広至（2015）『歴史から理論を創造する方法：社会科学と歴史学を統合する』勁草書房

福富満久（2015）『Gゼロ時代のエネルギー地政学』岩波書店

松井賢一（2001）「エネルギー安全保障について」『立命館国際研究13-3号』、375〜383頁

美里泰伸（1981）『ドキュメント イラン石油化学プロジェクト 三井物産の苦悩』日本経済新聞社

村田良平（2008）『村田良平回想録』ミネルヴァ書房

山岡淳一郎（2009）『田中角栄 封じられた資源戦略』草思社

IJPC プロジェクト史編集委員会（1993）『IJPC プロジェクト史：日本・イラン石油化学合弁事業の記録』

NHK 取材班（1996）『戦後50年その時日本は〈第5巻〉石油ショック・国鉄労使紛争』日本放送協会

◎英語文献

Anderson, I.,(1981). *Aramco, the United States, and Saudi Arabia: A Study of the Dynamics of Foreign Oil Policy, 1933-1950*, Princeton: Princeton University Press.

Bamberg, J., (2000). *Brisith Petroleum and Global Oil, 1950-1975: The Challenge of Nationalism*, Cambridge University Press.

Bennett, A. and Jeffrey T. C.,(2015). *Process Tracing: From Metaphor to Analytical Tool*, Cambridge University Press.

Bini, E.,(2014). "A Transatlantic Shock: Italy's Energy Polices between the Miditerranean and the EEC, 1967-1974", *Historical Social Reaserch*, Vol.39, No.4, pp.145-164.

Calder, K.,(1988a). "Japanese Foreign Economic Policy Formation: Explaining the Reactive States", *World Politics*, Vol.40, No.4, pp.517-541.

Calder, K., (1988b). *Crisis and Compensation: Public Policy and Political Stability in Japan, 1949-1986*, Princeton University Press.カルダー淑子訳『自民党長期政権の研究―危機と補助金』文藝春秋、1989年.

Calder, K.,(1993). *Strategic Capitalism: Private Business and Public Purpose in Japanese Industrial Finance*, Princeton University Press.谷口智彦訳『戦略的資本主義：日本型経済システムの本質』日本経済新聞社、1994年.

Calder, K.,(2012). *The New Continentalism Energy and Twenty-First-Century Eurasian Geopolitics*, Yale University Press.杉田弘毅監訳『新大陸主義21世紀のエネルギーパワーゲーム』潮出版社、2013年.

Coll, S.,(2012). *Private Empire*, Penguin Press.森義雅訳『石油の帝国：エクソンモービルとアメリカのスーパーパワー』ダイヤモンド社、2014年.

Dalemont, E. and Carrie, J.,(1993). *Histroire du Petrole*, Press Universitaires de France.三浦礼恒訳『石油の歴史―ロックフェラーから湾岸戦争後の世界まで』文庫クセジュ、2006年.

Eckstein, H.,(1975). "Case Study and Theory in Political Science", in Greenstein F.J. and Polsby, N. W., eds., *Handbook of Political Science*, Reading, Mass: Addison-Wesley, Vol.7, pp. 79-138.

Evans, P. B., Jacobson, H. K, and Putnam, R.,(1993). D*ouble-Edged Diplomacy: International Bargaining and Domestic Politics*, California University Press.

Frank, B., (2014). "Energy Diplomacy: West Germany, the Soviet Union and the Oil Crisis of the 1970s", *Historical Social Research*, Vol.39, No.4, pp.165-185.

Gaddis, J. L.,(2004). *The Landscape of History: How Historians Map the Past*, Oxford University Press.

George, A. L. and Bennett, A.,(2005). *Case Studies and Theory Development in the Social Sciences*, Cambridge, MA. MIT Press.泉川泰博訳『社会科学のケース・スタディ理論形成のための定性的手法』勁草書房、2013年.

Gerring, J.,(2004). "What is a Case Study and What Is It Good for?", *American Political Science Review*, Vol.98, No.2, pp.341-354.

Gourevitch, P.,(1978). "The Second Image Reversed: the International Sources of Domestic Politics", *International Organization*, Vol.32, No.4, pp.881-912.

Haggard, S. and Simmons, B. A., (1987). "Theories of International Regimes", *International Organization*, Vol.41, No.3, pp. 491-517.

Hall, P. A., (1986). G*overning the Economy: The Politics of State Intervention in Britain and France*, Oxford University Press.

Hall, P. A. ed.,(1989). *The Political Power of Economic Ideas*, Princeton University Press.

Henning, T., (2014). "The Oil Crisis of 1973 as a Challenge to Multilateral Energy Cooperation among Western Industrialized Countries", *Historical Social Reaserch*, Vol.39, No.4, pp. 209-230.

Johnson, C.,(1982). *MITI and the Japanese Miracle: the Growth of Industrial*

Policy, 1925-1975, Stanford University Press.矢野俊比古監訳『通産省と日本の奇跡』TBSブリタニカ、1982年.

Katzenstein, P. J. ed., (1978). *Between Power and Plenty: Foreign Economic Policies of Advanced Industrial States*, Madison: University of Wisconsin Press.

Keohane, O. R. and Nye, J.,(1977). *Power and Interdependence: World Politics in Transition*, Boston: Little Brown and Company.

King, G., Keohane, O.R. and Verba, S.,(1994). *Designing Social Inquiry: Scientific Inference in Qualitative Research*, Princeton, NJ: Princeton University Press.真渕勝監訳『社会科学のリサーチ・デザイン―定性的研究における科学的推論』勁草書房、2004年.

Krasner, S., (1978). *Defending the National Interest: Raw Material Investments and U.S. Foreign Policy*, Princeton University Press.

Kuiken, J., (2014). "Caught in Transision: Britain's Oil Policy in the Face of Impending Crisis, 1967-1973", *Historical Social Reaserch*, Vol.39, No.4, pp. 272-290.

Lipjhart, A.,(1971). "Comparative Politics and the Comparative Method", *American Political Science Review*, Vol. 65, No. 3, pp. 682-693.

Lijphart, A.,(1984). P*atterns of Majoritarian and Consensus Government in Twenty-One Countries*, Yale University Press.

Mendershausen, H., (1976). *Coping with the Oil Crisis: French and German Experiences*, The Johns Hokins University Press.

Merton, R. K., (1968). *Social Theory and Social Structure*, New York: The Free Press.

Milner, V. H.,(1992). "International Theories of Cooperation among Nations: Strengths and Weaknesses", *World Politics*, Vol. 44, No. 3, pp. 466-496.

Painter, D.,(1986). *Oil and the American Century: The Political Economy of U.S. Foreign Oil Policy*, 1941-1954, Baltimore: Johns Hopkins University Press.

Pempel, T.J. and Tsunekawa, K., (1979). "Corporatism without Labor?: the Japanese Anomaly", in Philippe, C.S. and Gerhard, L. eds., *Trends toward Corporatist Intermediation*, pp. 231-270.

Pierson, P.,(2004). *Politics in Time: History, Institutions, and Social Analysis*, Princeton University Press.粕谷祐子訳『ポリティクス・イン・タイム：歴史・制度・社会分析』勁草書房、2010年.

Putnam, R. D. and Bayne, N., (1984). *Hanging Together: the Seven-power Summits*, Harvard University Press.

Sampson, A., (1975). *The Seven Sisters : The Great Oil Companies & The World They Shaped*, Viking.大原進訳『セブン・シスターズ―不死身の国際石油資本』講談社文庫、1984年.

Samuels, R.,(1987). *The Business of the Japanese State: Energy Markets in Comparative and Historical Perspectives*, Cornell University.廣松毅監訳『日本における国家と企業：エネルギー産業の歴史と国際比較』多賀出版、1999年.

Trachtenberg, M.,(2006). *The Craft of International History: A Guide to Method*, Princeton University Press.

Yergin, D.,(1990). *The Prize: the Epic Quest for Oil, Money, and Power*, Simon & Schuster, Inc.日高義樹・持田直武共訳『石油の世紀：支配者たちの興亡』日本放送出版協会、1991年.

Yergin, D.,(1998). *The Commanding Heights*, Simon & Schuster, Inc.山岡洋一訳『市場対国家』日本経済新聞社、1998年.

Yergin, D.,(2020). *The New Map: Energy, Climate, and the Clash of Nations*, Penguin Press.黒輪篤嗣訳『新しい世界の資源地図：エネルギー・気候変動・国家の衝突』東洋経済新報社、2022年.

◎外務省外交記録（管理番号）

『イラン石油情勢』（2015-1334）

『在イラン米国大使館人質事件』（2015-0233-0236）

『昭和55年度中東大使会議』（2015-0364）

『園田外相中近東・南西アジア訪問』（2015-0041）

『日・イラン石油化学合弁』（2015-0973・0974）

『日・イラン石油化学合弁』（2015-2439）

『安倍外相イラン、イラク訪問』（2015-1590）

『ヴェラヤティ外務大臣訪日』（2015-0404・0405）

『イラン・イラク問題/イラクのIJPC攻撃』（2015-0538）

『ソ連天然ガスプロジェクト』（2016-0137）

『日・イラン石油化学合弁』（2016-2030）

『日米資源・エネルギー』（2016-2504）

『日ソ・サハリン探鉱プロジェクト』（2016-0132・0133・0134）

『日ソ・サハリン探鉱プロジェクト』（2016-1130）

◎ National Archives II, College Park, Maryland

Briefing Books 1971-1980, Record Group 56

Records Relating to Blocked Iranian Assets 1979-1981, Recording Group 56

Current Policy #890 "U.S. Initiative to Iran" Reagan before National TV audience, Washington D.C., Recording Group 59

Administrative Subject Files 1985-1986, Recording Group 220

Natural Resources and Commercial Service Area Subject Files 1977-1983, Recording Group 359

Winter 1980: The Intelligence challenge in the 1980s, Recording Group 263

Memorandum to Holders, Soviet Goals and Expectations in the Global Power Arena, Recording Group 263

Records Relating to Japan 1972-1985, Recording Group 59

Foreign Opinion Notes 1973-1989, Recording Group 306

The Strategic Importance of the Far East to the USSR, Recording Group 263

◎インタビュー

青木雄一氏（元三井物産社員、IJPC 担当）（2017年8月18日、東京）

◎その他、白書、新聞、雑誌、ホームページは本文中に記載

あとがき

　本書は、2022年4月に東京大学に提出し、同6月に博士号を取得した学位論文「石油危機以降の日本の資源外交—「軍事的・エネルギー安全保障間のジレンマ」と「民間主導のエネルギー調達」—」を元に、2022年2月のロシアによるウクライナ侵攻以降の世界そして日本のエネルギー情勢の大きな変化を踏まえて加筆及び再構成を行ったものである。

　本書を執筆するにあたっての経緯、そして関係者の方々への謝辞を述べるために、私のこれまでの略歴をご紹介させて頂くことをお許し願いたい。

　両親が電力会社に勤務していたことから、エネルギーという言葉には比較的馴染みのある環境で育った私が、エネルギーの重要性を特に強く意識する契機となったのは、2003年に発生したイラク戦争であった。当時、私は高校生であったが、真偽はともかく石油利権と戦争を結びつける多くの報道に接する中で、エネルギーを巡って戦争が引き起こされるという恐ろしさを感じると同時に、エネルギーが人々の生活に必要不可欠であるということを改めて強く認識した。

　そしてエネルギーを巡る国際関係や日本の資源調達の実態を深く知りたいとの思いを強くした私は、東京大学にて国際関係論を専攻し、卒業論文として「日本の中東エネルギー政策〜イラン・アザデガン油田をめぐる交渉についての一考察〜」を執筆した。この卒業論文を執筆することになった契機は、2007〜08年に米国ワシントン大学に交換留学をした際に、Saadia Pekkanen 先生より頂いた「米国では日本がイランの油田に固執する背景が十分に理解されておらず、日本人として本テーマを掘り下げてみると意義があるかもしれない」とのご助言であった。本書のテーマにも通じる「日本が米国と敵対する国からどのように資源を調達しようとしてきたか」という問題意識は、これが出発点となっている。貴重なご助言を頂いたことに対し、この場をお借りして改めて深く御礼申し上げたい。

　そして日本の資源調達の実態を研究していく中で、そうした現場の最前

線で働いてみたいとの思いを強くした私は、大学卒業後の2009年に総合商社の三井物産に入社した。同社には約10年間勤務し、商品としては LNG・ウラン・石炭、業務としては事業の参画・運営・撤退と様々な資源ビジネスに携わる機会を得た。そして企業、政府、NGO といった多くのステークホルダーが資源ビジネスには関与していることを、身をもって理解するようになった。また同社では、イラン・IJPC プロジェクトの教訓を学ぶ研修や、同プロジェクトに携わっていた方をご紹介頂ける機会もあり、こうした一連の経験を通じて、日本の資源調達における政府と企業の関係に対する関心は一層高まった。また入社翌年の2010年には、本書でも記載した通り、日本において「外交記録公開に関する規則」が制定され、作成・取得から30年が経過した行政文書は公開するとの原則が明記された。これにより、1970年代の石油危機以降のイランやソ連における資源開発に関する外交文書の公開も進んでいた。こうした中で、学部時代の研究を更に進展させたいとの思いを強くしていた私に対し、同社は在籍、勤務しながら大学院にて研究することを許可してくれた。貴重な資源ビジネスの機会や過去の経験談、そして研究に対する寛大な許可を頂戴した同社及び関係者の方々に対し、この場をお借りして改めて深く御礼申し上げたい。

　こうして2015年より再び東京大学にて日本の資源外交における官民関係を研究する機会を得た。そして学部時代にもご指導を頂いた古城佳子先生、内山融先生に指導教官を、またお二人に加えて清水剛先生、湯川拓先生、伊藤武先生に審査担当をお引き受け頂き、数多くのご助言を頂いた。それ以外にも多くの諸先生・諸先輩らのご指導の下、本書の元となる修士論文、博士論文を執筆することができた。学術論文作成の基礎からはじまり、学部から博士課程に至るまで長年にわたり親身なご指導・ご助言を頂いた同大学の関係者の方々に対し、この場をお借りして改めて深く御礼申し上げたい。

　そして現在、私は2021年より勤務する日本エネルギー経済研究所にて、国際エネルギー情勢や日本の資源政策に関する研究を行っている。2022年に博士論文を書き上げ、更にウクライナ危機以降の状況を追記するにあたっては、同所における研究活動並びに所員の方々からのご指導・ご助言が

大いに参考になった。現在も日々充実した研究活動の機会を頂戴している同所並びに関係者の方々に対し、この場をお借りして改めて深く御礼申し上げたい。

　また本書の出版にあたっては、芙蓉書房出版の平澤公裕様に多大なるご助言とご支援を頂いた。本書の元となった原稿の意義を見出して下さり、こうして書物の形で読者の方々にお伝えする機会を頂けたことに対し、この場をお借りして改めて深く御礼申し上げたい。

　最後に、故郷・長野にて、いつも温かく見守り応援してくれている両親、家族に対して改めて深い感謝の意を記し、本書のあとがきとしたい。

　　2023年12月

柳沢　崇文

主要事項索引

＊国名、事例対象（IJPC、サハリン、ア
ザデガン各プロジェクト）、変数（軍事的
・エネルギー安全保障間のジレンマ、民間
主導の形）は索引対象外

著者
柳沢崇文（やなぎさわ たかふみ）
日本エネルギー経済研究所主任研究員
2009年に東京大学教養学部を卒業後、三井物産に入社し、LNG・ウラン・石炭プロジェクトの投資・販売業務などに従事。その間、東京大学大学院総合文化研究科にて日本の資源外交における政府と企業の関係に関する研究を行い、2022年に博士号（学術）を取得。2021年に日本エネルギー経済研究所に入所し、現在は同所主任研究員。専門は国際エネルギー情勢、日本の資源エネルギー政策。
主な業績：「石油危機から50年：日本の中東エネルギー政策の変遷と展望」『中東協力センターニュース』（2023年10月）、「ウクライナ危機後の中東のエネルギー戦略と COP28 に向けた展望〜「エネルギー安全保障」と「脱炭素」が与える影響の考察〜」『中東動向分析』（2023年3月）、「エネルギー危機の時代、調達における政府の関与拡大が必要な理由」『日経ビジネス「世界展望〜プロの目」』（2022年10月）、博士学位論文「石油危機以降の日本の資源外交〜「軍事的・エネルギー安全保障間のジレンマ」と「民間主導のエネルギー調達」〜」（東京大学、2022年4月提出、同年6月学位取得）など。

現代日本の資源外交
——国家戦略としての「民間主導」の資源調達——

2024年1月25日　第1刷発行

著　者
やなぎさわ　たかふみ
柳 沢　崇文

発行所
㈱芙蓉書房出版
（代表　平澤公裕）
〒113-0033東京都文京区本郷3-3-13
TEL 03-3813-4466　FAX 03-3813-4615
http://www.fuyoshobo.co.jp

印刷・製本／モリモト印刷

エネルギー資源と日本外交
化石燃料政策の変容を通して　1945年〜2021年
池上萬奈著　本体2,800円

資源に乏しい日本はどのようにエネルギー資源を確保してきたのか。1973年の第一次石油危機（オイルショック）を機に積極的に展開した資源外交を概観する。石油を主とした化石燃料を巡る日本の外交政策を、「対米協調」「国際協調バランス」の視角から分析し、今後のエネルギー資源政策における日本外交の課題を考察する。

米中の経済安全保障戦略
新興技術をめぐる新たな競争　　村山裕三編著　本体2,500円

激化する米中間の技術覇権競争を経済安全保障の観点から分析する次世代通信技術（５Ｇ）、ロボット、人工知能（ＡＩ）、ビッグデータ、クラウドコンピューティング……。新たなハイテク科学技術、戦略的新興産業分野でしのぎを削る国際競争の行方と、米中のはざまで日本がとるべき道を提言する。

〔執筆者〕村山裕三・鈴木一人・中野雅之・土屋貴裕

外務省は伏魔殿か
反骨の外交官人生と憂国覚書　　飯村　豊著　本体 2,300円

2001年、機密費横領事件で国民の怒りが外務省に向けられている中、田中眞紀子外務大臣から国会で「伏魔殿」と名指しされ大臣官房長を更迭された著者が、ポピュリズムの嵐に巻き込まれた、この「騒動」の真相を明らかにする。また、40年間の外交官生活を振り返り「外交のあるべき姿」を熱く語る！
＊「田中眞紀子騒動」は外務省員へのパワハラとアンチ外務省ポピュリズムが合体したもの／＊フランス勤務で米国がよく見える（フランス大使時代）＊批判が高まっていた対中 ODA をどうやってソフトランディングで終了に導いたか（経済協力局長時代）＊外務省幹部とマスメディアの間でサンドバッグ状態に（報道課長時代）…………さまざまなエピソードが満載の一冊

ドイツ敗北必至なり
高川邦子著　本体 2,700円
三国同盟とハンガリー公使大久保利隆
ハンガリーから正確な独ソ戦況を伝え、ドイツ降伏時期を予測した外交官がいた！「親独的ではない日本人外交官」としてナチス・ドイツや東條首相の不興を買った大久保の行動を、米国と英国の公文書館に残る外交電、当事者の日記・回想録などを駆使して描写。

アウトサイダーたちの太平洋戦争
知られざる戦時下軽井沢の外国人　高川邦子著　本体 2,400円
軽井沢に集められた外国人1800人はどのように暮らし、どのように終戦を迎えたのか。ピアニストのレオ・シロタ、指揮者のローゼンストック、プロ野球選手のスタルヒンなど著名人のほか、ドイツ人大学教授、ユダヤ系ロシア人チェリスト、アルメニア人商会主、ハンガリー人写真家など、さまざまな人々の姿が浮き彫りになる！

インド太平洋をめぐる国際関係
理論研究から地域・事例研究まで
永田伸吾・伊藤隆太編著　本体 2,700円
錯綜する国際政治力学を反映した「インド太平洋」概念の形成・拡大のダイナミズムを多角的アプローチから考察した6人の研究者の共同研究の成果。

〔執筆者〕墓田桂・野口和彦・岡本至・小田桐確

インド・太平洋戦略の地政学
中国はなぜ覇権をとれないのか
ローリー・メドカーフ著　奥山真司・平山茂敏監訳　本体 2,800円
"自由で開かれたインド太平洋"の未来像とは……強大な経済力を背景に影響力を拡大する中国にどう向き合うのか。*INDO-PACIFIC EMPIRE: China, America and the Contest for the World Pivotal Region* の全訳版。